Big Data 

im politischen Wahlkampf von Donald Trump (2016)

Wie die politische Meinungsbildung und Wahlentscheidung durch *Cambridge Analytica* beeinflusst werden konnte

Bibliografische Information der Deutschen Nationalbibliothek:

Die Deutsche Nationalbibliothek verzeichnet diese Publikation in der Deutschen Nationalbibliografie; detaillierte bibliografische Daten sind im Internet über http://dnb.d-nb.de abrufbar.

Impressum:

Copyright © Studylab 2020

Ein Imprint der GRIN Publishing GmbH, München

Druck und Bindung: Books on Demand GmbH, Norderstedt, Germany

Coverbild: GRIN Publishing GmbH | Freepik.com | Flaticon.com | ei8htz

Inhaltsverzeichnis

Abkürzungsverzeichnis

ABIDA	Assessing Big Data
BDSG	Bundesdatenschutzgesetz
CBS	Nationale Statistikbehörde der Niederlande (Centraal Bureau voor de Statistiek)
DSGVO	Datenschutzgrundverordnung
FTC	Federal Trade Commission
IVR	Interactive Voice Response
NSA	National Security Agency
OCEAN-Modell	Openness to experience, Conscientiousness, Extraversion, Agreeableness, Neurotizismus
RNC	Republican National Committee
SCL	Strategic Communication Laboratories
VA	US-Department of Veterans Affairs

1. Einleitung

1.1 Forschungsproblem

> Daten sind die Trittleiter zu einer neuen Erkenntnisstufe. Big Data wird Gesellschaft, Politik und Wirtschaft so grundlegend verändern wie der elektrische Strom und das Internet.

(Bloching et al. 2012: 10f)

Heutzutage – besonders seit dem Präsidentschaftswahlkampf zwischen Donald Trump und Hillary Clinton im Herbst 2016 – existiert ein Bewusstsein und eine Sorge über die politische Macht digitaler Technologien (vgl. Pietsch 2014: 165). Nach der ersten Euphorie und der umfassenden Einführung von Schlüsseltechnologie dauerte es einige Jahre, bis Individuen, Bürgerrechtsgruppen, Regierungen und die Gesellschaft insgesamt allmählich erkannten, welche Herausforderungen diese Technologien gleichzeitig mit sich bringen (Körner 2019: 3). Gleichzeitig hat sich durch die rasche Einbindung von Social Media-Plattformen in alle Lebensbereiche der Nutzer ganz neue Möglichkeiten der gezielten, personalisierten, automatisierten und häufig auch unbemerkten Einflussnahme ergeben (Körner 2019: 3). Parallel zum Anstieg der Relevanz von sozialen Medien erhöht sich das Missbrauchspotential an der öffentlichen Meinungsbildung durch Datenmissbrauch (Pietsch 2014: 165). Es wird angenommen, dass anonyme Daten aus den unterschiedlichsten Lebensbereichen abrufbar sind. Da anonyme Daten keine personenbezogenen Daten sind, unterliegen sie nicht dem Datenschutzrecht, sind frei als Ware handelbar und können damit gemäß Annahme nicht missbraucht werden (vgl. Sarunski 2016: 425). Ebenso wird davon ausgegangen, dass selbstlernende Algorithmen Zugang zu den unterschiedlichsten anonymen Datenquellen haben und eigenständig agieren (Sarunski 2016: 425). Diese Annahmen scheinen, vor dem Hintergrund der rasanten technischen Entwicklung im Bereich der Computertechnik ab den 70er Jahren bis heute, realistisch (Sarunski 2016: 425). Es ist nicht ausschließbar, dass aus der Vielzahl der täglich produzierten anonymen Daten, mit Hilfe von Big Data-Mechanismen, ein Personenbezug hergestellt werden kann (Sarunski 2016: 427). Mit Sicherheit kann durch ein Datenleck die Kette der Anonymität durchbrochen und dauerhaft ein absoluter Personenbezug für gesammelte anonyme Daten hergestellt werden (Sarunski 2016: 427). Die trotzdem berechtigte Forderung der Aufsichtsbehörden nach frühzeitiger Anonymisierung von personenbezogenen Daten ist als ein Teil des Schutzes für den Einzelnen zu verstehen (Sarunski 2016: 427). Die Anforderungen an jeden Einzelnen, die tägliche Informationsflut zu filtern und kritisch zu hinterfragen, sind deutlich gestiegen (Körner 2019: 3). Gleichzeitig haben autoritäre Staaten rasch gelernt, wie sie Überwachungstechnologie, Massendaten und künstliche Intelligenz zu ihrem Vorteil nutzen können – sei es, um die staatliche Kontrolle im Inland zu stärken, oder um demokratische Gesellschaften im Ausland zu unterminieren (Körner 2019: 3). Insbesondere die Skandale um Cambridge Analytica und Facebook im Zusammenhang mit dem Brexit-Referendum sowie den US-Präsidentschaftswahlen im Jahr 2016 haben gezeigt, dass digitale Technologie auch in etablierten Demokratien eingesetzt werden kann, um Wähler bewusst zu manipulieren und den politischen Diskurs zu verzerren (Körner 2019: 3). Der Skandal hat weltweit nicht nur die moralischen Grenzen der illegalen Datennutzung/-auswertung aufgezeigt, sondern darüber hinaus auch insbesondere die weitreichenden Ausmaße des globalen Datenmissbrauchs verdeutlicht. Die Einblicke in eine sonst verdeckt operierende Parallelwelt und deren technisch komplexen Strukturen und Verflechtungen haben eine Diskussion globalen Umfangs zu den Themen des Datenschutzes, Datenmissbrauchs sowie der Freiheitseinschränkung ausgelöst. Der Skandal ist durch die sogenannte Cambridge Analytica Affäre entstanden, indem die Daten ohne Zustimmung erhoben wurden und damit Wähler getäuscht und manipuliert wurden. Solche Geschäftspraktiken über den Cambridge Analytica Skandal hinaus sind heutzutage, unterstützt durch den Einsatz von Big Data, im politischen Bereich weit verbreitet. Diese verstoßen nicht nur gegen alle Prinzipien von Seriosität, Aufrichtigkeit und rationalem Urteilsvermögen, sondern auch gegen illegale Nutzung von Daten, die ohne Zustimmung angeeignet und genutzt werden. Der derzeitige Präsident der USA, Donald Trump, hatte im Wahlkampf nicht nur auf die einfache Botschaft: *„Make America great again",* sondern setzte auch konsequent auf datenbasierte und digitale Wähleransprache (Voigt 2018: 149). Selbiges stellte sich auch bei den Skandalen der Brexit-Kampagne oder des US-amerikanischen Wahlkampfs

2012 von Barack Obama dar (Dorschel 2015: 6). Es zeigt, dass die Beeinflussung der Wahlentscheidung durch Datenanalyse-Unternehmen ein neuartiges Phänomen ist, welches schwierige gesellschafts- und rechtspolitische Fragen aufwirft, die auch die Möglichkeiten und Grenzen der Datennutzung für Politik betreffen (Dorschel 2015: 6). Abgeleitet davon führt das zur Diskussion, welche Aspekte hierbei betroffen sind: rechtliche oder „nur" ethische Aspekte.

Bei der Nutzung bestehender Daten oder auch bei der Entwicklung neuer Daten- und Informationsströme sind rechtliche Aspekte zu beachten (Kraus 2013: 14). So geht es vielfach um die Nutzung personenbezogener Daten und damit um grundlegende Fragen des Datenschutzes (Kraus 2013: 14). Demnach haben die Verbraucher als Adressaten eines kommerziellen Microtargetings ein weitreichendes Recht auf Information, Fairness in der Werbung, Schutz vor irreführenden Behauptungen sowie unfairen Praktiken (vgl. Dubois et al. 2018). Diese Regeln sind jedoch nicht auf politisches Microtargeting anzuwenden (Dubois et al. 2018). Heute ist es schwer nachvollziehbar, warum die Adressaten des politischen Microtargetings geringen Anspruch auf Schutz vor irreführenden oder manipulativen Behauptungen haben. Kampagnen fallen typischerweise unter Wahlgesetze, die den Wählern in vielen Fällen keinen vergleichbaren Schutz bieten (vgl. Dubois et al. 2018). Die daraus resultierende Diskrepanz zwischen Wähler- und Verbraucherrechten sollte Aufmerksamkeit in der Regierung von einzelnen Staaten erfordern.

Die technologischen Entwicklungssprünge des letzten Jahrzehnts haben sich derart rasch vollzogen, dass sowohl politische Entscheidungsträger als auch Marktteilnehmer die entsprechenden Implikationen erst im Rückblick vollständig erfassen können (Körner 2019: 3). Hierbei ist zweifelsohne eine der größten Herausforderungen für Gesetzgebung und Regulierung im Hinblick darauf zu sehen, wie mit den Risiken bestimmter Technologien für demokratische Institutionen und Prozesse umzugehen ist (Körner 2019: 3).

Einschlägige Organisationen wie Cambridge Analytica machen sich die Vielfalt an digitalen Spuren der Individuen zunutze, um mittels Big Data Analysen Persönlichkeitsprofile zu generieren und auf dieser Grundlage Wahlabsichten gezielt zu beeinflussen (Pietsch 2014: 165). Der Einfluss von Big Data wird deshalb in den letzten Jahren zunehmend thematisiert. Das betrifft nicht nur Wirtschaft und Wissenschaft, sondern auch Politik und Gesellschaft, bei denen der Wert von Datenanalysen deutlich wird (vgl. Pietsch 2014: 165). Big Data Analysen können beispielsweise zum Einsatz kommen, um staatliche Entscheidungen und Handlungsprogramme zu legitimieren, wenn mit ihnen die Repräsentation der Interessen und Bedürfnisse von Bürgerinnen und Bürgern behauptet wird, z.B. in der Ausrichtung von öffentlichen Dienstleistungen (Ulbricht et al. 2018: 161). So wird daran gearbeitet, mit Methoden der *„sentiment analysis"* und des *„opinion mining"* die Bedürfnisse „der Bevölkerung" oder bestimmter Benutzergruppen oder Gesellschaftsklassen zu repräsentieren, um davon ausgehend die Abschaffung, die Ausweitung oder den Zuschnitt von staatlichen Leistungen zu legitimieren (vgl. Ulbricht et al. 2018: 161). Ein konkretes Beispiel findet sich bei der nationalen Statistikbehörde der Niederlande (CBS), die einen monatlichen Indikator für Verbraucherinnen- und Verbrauchervertrauen auf der Grundlage von *sentiment analysis* mit Daten aus Sozialen Medien erstellt. Dieses Vorgehen bietet dem CBS zufolge den Vorteil gegenüber umfragebasierten Indizes, indem es schneller und häufiger aktualisiert werden könne. Einem Bericht der niederländischen Zentralbank zufolge erwägen auch andere politische Entscheidungsträgerinnen und -träger, Wahrnehmungen von Bürgerinnen und Bürgern durch *social media sentiment analysis* zu ermitteln, z.B. hinsichtlich der öffentlichen Sicherheit (Ulbricht et al. 2018: 162).

Zusammenfassend ist ersichtlich, dass die Politik gefordert ist, zu handeln und die richtigen Rahmenbedingungen zu schaffen, um die institutionellen Normen einzuhalten. Daraus ergibt sich: Zum einen seine Bürger vor Datenmissbrauch zu schützen und zum anderen weiterhin die Entwicklung von IT-Lösungen zu verfolgen.[1] Wie real und eng verbunden die Bedrohungs-

---

[1]   Big Data – Große Chancen, große Gefahren? Online: https://politik-digital.de/news/big-data-grosse-chancen-grosse-gefahren-127634/ (zuletzt geprüft am 10.10.2019).

szenarien mit dem Phänomen Big Data sind, zeigen die Praktiken der Überwachung westlicher, demokratisch kontrollierter Geheimdienste auf der einen und die Datennutzung durch die vor allem US-amerikanisch geprägte Internetwirtschaft auf der anderen Seite (Dorschel 2015: 9). Die gesellschafts- und rechtspolitische Auseinandersetzung mit dem Phänomen Big Data war in der Vergangenheit wesentlich geprägt durch den so genannten „NSA[2]-Skandal", also die anlass- und unterschiedslose Speicherung jedweder verfügbarer Daten durch Geheimdienste (Dorschel 2015: 9). Ungeachtet der Unschärfe des Begriffes verbinden sich mit Big Data konkrete Erwartungen eines Wandels politischer Akteurskonstellationen, Strukturen und Prozesse (Orwat et al. 2015: 6). Mit dem Schlagwort „Big Data" vermarkten Unternehmen datenbasierte Produkte, Politiker versprechen eine rationale Politik, und Wissenschaftlerinnen wollen damit Forschungsmittel einwerben (Ulbricht 2017: 18).

Big Data kann auf konstruktive, positive Weise eingesetzt werden, um das Leben vieler Menschen zu verbessern. Andererseits besteht ebenfalls die Möglichkeit, dass Big Data für einseitige Interessen genutzt wird und für den Großteil der Bevölkerung negative Konsequenzen hat. Insgesamt ist das Phänomen bislang viel zu wenig erforscht und über die konkreten Praktiken bei Cambridge Analytica ist immer noch zu wenig bekannt (Dachwitz et al. 2018).

In diesem Zusammenhang ist erkennbar, dass die Beeinflussung der Wahlentscheidung durch Datenanalyse-Unternehmen ein grundlegendes Verständnis des Einsatzes von Big Data Technologie und der zugehörigen Prozesse verlangt. Die politikwissenschaftliche Relevanz soll dazu dienen, neben dem Verständnis der Einflussmöglichkeiten von Big Data, entsprechende Maßnahmen ergreifen zu können. Das betrifft unter anderem eine langfristige und wirksame Maßnahme für die Anwendung der datentechnischen Möglichkeiten, um die Manipulation von Meinungsbildung und deren Auswirkungen vermeiden zu können.

---

[2] Abkürzung von National Security Agency (NSA) – der größte Auslandsgeheimdienst der Vereinigten Staaten.

2 Forschungsstand

2.1 Aktueller Forschungsstand

Die wissenschaftlichen Auseinandersetzungen über die Entwicklung und Wandlungsprozesse, die sich im individuellen und gesellschaftlichen Leben der Menschen durch die neuen Technologien ergeben, werden nicht selten kritisch betrachtet. Es wird darauf hingewiesen, dass Medienwirkung und -beeinflussung die realen, individuellen, gesellschaftlichen, lokalen und globalen Wahrnehmungsmuster und Weltbilder verändern (Reichert 2014). Big Data aus politikwissenschaftlicher Perspektive zu analysieren bedeutet, ein bislang als primär technisch und einheitlich konstruiertes Phänomen vielmehr als ein ganzes Ensemble von Techniken, Strukturen, Akteuren und Praktiken zu begreifen und deren vielfältige gesellschaftliche und politische Wechselwirkungen aufzudecken (Ulbricht et al. 2018: 152).

Big Data wird für Verkehrsprognosen, in der medizinischen Forschung oder zur Analyse von Verbraucherverhalten eingesetzt. Wie der Wahlkampf in den USA zeigt, haben aber auch Parteien und Politiker ein starkes Interesse daran, spezifische Erkenntnisse über die Wähler zu erlangen. Wählerregister, Vereinsmitgliedschaften, Telefonumfragen, Verhalten beim Onlineshopping: Mit zahlreichen Daten werden Scoringmodelle gespeist, die genaue Prognosen über das Wählerverhalten zulassen (Gröschel 2016).

Die Anzahl der wissenschaftlichen Publikationen und Veranstaltungen zu Big Data ist stark gestiegen; oft werden Fragestellungen und Forschungsrichtungen aus disziplinärer Sicht erst entwickelt oder es wird sich auf allgemeine Reflexionen oder Fallstudien beschränkt (Orwat et al. 2015: 83). Zahlreiche Studien zeigen auf, dass Verfahren der automatisierten Datenverarbeitung, die auf sehr große Datenbestände zurückgreifen, inzwischen dazu genutzt werden, um zwischen regelkonformen Handlungen und Regelverstößen zu unterscheiden und Akteure als schuldig oder unschuldig, bestechlich oder unbestechlich zu beurteilen (Ulbricht/Haunss 2018: 179). Der spezifische Forschungsgegenstand der Big Data Technologie scheint durch den etablierten Microtargeting Einsatz nur schwer greifbar. Dennoch gibt es einige wissenschaftliche Beiträge, die in diesem Zusammenhang auch die Big Data

Technologie und die Rolle der Datenanalyse-Unternehmen hierbei in einen theoretischen Bezug setzen.

Eine Publikation von David W. Nickerson und Todd Rogers unter dem Titel *Political Campaigns and Big Data* stellt dabei generell die Frage nach der Notwendigkeit bzw. dem Bedarf von Datenauswertung und -analyse für politische Kampagnen. Hierbei greifen die Autoren auch beispielhaft auf den Erfolg der Kampagne aus dem Jahr 2012 zur Wiederwahl von Präsident Obama zurück und sehen in diesem Zusammenhang einen Fortschritt bezüglich angemessener Datennutzung für die Beeinflussung der Wahlentscheidung (vgl. Nickerson/Rogers 2013: 6). Ein zentrales Ergebnis ihrer Forschung ist dabei, dass Kampagnendatenanalysten eine zunehmend wichtigere Rolle in der Politik spielen (Nickerson/Rogers 2013: 6). Mit ihrem Forschungsbeitrag verweisen die beiden Autoren auch auf den Microtargeting Einsatz, der für ihre Ergebnisse einen passenden theoretischen Rahmen bietet, auch wenn hierbei von den Autoren nicht alle Annahmen übernommen werden. Da sich in diesem Kontext bereits der Einsatz des Microtargetings bewährt hat, bildet dieser einen adäquaten Analyseansatz für die Fragestellung, die vorliegend erörtert wird. Die Untersuchungen von Nickerson und Rogers konzentrieren sich jedoch auf die Beeinflussung der Wahlentscheidung im amerikanischen Wahlsystem in Bezug auf die zwei Gesellschaftsschichten, wohingegen der Gegenstand der Datenauswertung bzw. -analyse durch die Datenanalyse-Unternehmen bzw. hier das Fallbeispiel der Obama Kampagne nur unterstützend als einzelnes Beispiel verwendet, und nicht weiter behandelt wird.

Ebenfalls wird Big Data von Eric Mülling (2019: 7) untersucht, was weiterhin die Relevanz dieses Forschungsgegenstandes aufzeigt. Mülling (2019: 7) hat mit seinen Ansätzen einen wesentlichen Beitrag zu dem Phänomen beigetragen. In seiner Dissertation *„Big Data und der digitale Ungehorsam"* wendet er den Begriff Big Data konsequent auf politische und soziologische Ereignisse an. Verdeutlicht wird hierbei, dass unter digitalem Ungehorsam Mülling (2019: 69) eine auf das Internet fokussierte Variante des zivilen Ungehorsams versteht, der sich durch den Protest einzelner Personen, wie zum Beispiel Edward Snowden, Julian Assange und Chelsea Manning, aus Angst vor der Entstehung eines Überwachungsstaates auszeichnet. Die Akteure des digitalen Ungehorsams stellen dabei klassische politische Fragen wie die nach der Freiheit des Einzelnen oder nach Teilhabe und Transparenz mit neuen Mitteln (Mülling 2019: 69). Es wird einerseits auf die negativen Auswirkungen von Big Data aufmerksam gemacht, wie etwa die Analyse von Telekommunikation im Rahmen der Vorratsdatenspeicherung oder die im öffentlichen Raum installierten Überwachungstechnologien wie die Gesichtserkennung (vgl. Mülling 2019: 70). Diese seien dem zivilen Ungehorsam abträglich, denn Big Data schränke Aktivisten ein und kompromittiere die vertraulichen Grundlagen digitalen Protests (Mülling 2019: 70). Zugleich aber provozierten ebenjene datenanalytischen Prognosetechniken, mit denen menschliches Verhalten vorhergesagt werden soll, die digitalen Aktivisten dazu, ihre Appelle an die Mehrheitsgesellschaft zu richten (Mülling 2019: 70). Big Data sei also sowohl Blockierer als auch Anstifter des digitalen Ungehorsams. Auch geht Mülling dabei jedoch nicht weiter auf dessen Spezifika oder mögliche Erklärungsansätze ein.

Wissenschaftliche Disziplinen, die sich mit Big Data befassen, Forschungsdesiderate, die nach politikwissenschaftlichen Analysen verlangen, etwa in der Frage, wie Big Data demokratietheoretisch zu bewerten ist oder bei der Suche nach angemessenen Koordinations- und Regulierungsmechanismen (Ulbricht et al. 2018: 152). Zudem werden durch Big Data zentrale politikwissenschaftliche Erkenntnisse und Konzepte infrage gestellt. So diagnostiziert Shoshana Zuboff (2015) mit Big Data etwa die Ablösung des Markt-Kapitalismus durch einen Überwachungs-Kapitalismus mit negativen Folgen für den Wohlfahrtsstaat und individuelle Autonomie. Karen Yeung (2016) sieht in Big Data das zentrale Element einer Regulierungsform, die Individuen stimuliert anstatt sie zu überzeugen und somit potenziell manipulativ wirkt. Barocas und Selbst (2016) zeigen anhand Big Data auf, dass Strukturprinzipien des Rechts, wie etwa die Intentionalität bei Diskriminierung, gegenüber selbstlernenden Algorithmen zum Teil zu kurz greifen und die Reichweite staatlicher Regulierung begrenzt ist.

Die Verfügbarkeit und Auswertung großer Datensätze, das Entdecken neuer Muster und Verfolgen sozialer Prozesse in Echtzeit kann also politische Prozesse beeinflussen. Wie hoch die Erwartungen an Big Data in diesem Bereich sind, wird besonders dann deutlich, wenn Akteurinnen und Akteure auf ihren Einsatz verzichten. Gilt Data Mining schon als elementarer Bestandteil moderner Wahlkampfkommunikation, so wurde die Beobachtung mit Erstaunen quittiert, Donald Trump habe die US-Präsidentschaft scheinbar ohne den Einsatz von Big Data gewonnen. Der Sieg Trumps ohne jegliche datengestützte Kampagnenarbeit wie sie in den letzten zehn Jahren üblich wurde, stelle somit ein ganzes System infrage:

> „A Trump win means, in effect, that decades of research designed to organize and influence voters can be overpowered by a chaotic, from-the-gut performance".

Indes scheint der Schluss zu voreilig, die Kampagne von Trump habe nicht auch auf die algorithmisch programmierte Auswertung von sehr großen Mengen Daten aus sozialen Netzwerken gesetzt – und damit letztlich doch einen wahlentscheidenden Vorsprung errungen (Ulbricht et al. 2018: 194).

Der Gegenstand der Big Data Technologie als Regulierungsgegenstand und -ressource wird dabei auch vor dem Hintergrund von dem politikwissenschaftlichen Arbeitskreise des Forschungsprojektes ABIDA[3] behandelt. In diesem wird das Ziel verfolgt, Wissen aus gesellschaftlicher Perspektive über Entwicklungen, Herausforderungen und Handlungsoptionen von Big Data zusammenzubringen, zu erzeugen, zu vertiefen und zu verbreiten (Orwat et al. 2015: 83). Das Projekt analysierte die öffentliche Verhandlung von Big Data im Kontext politischer Kampagnen (Pentzold/Fölsche 2018: 10). Hierdurch wurde es möglich, an einem exponierten Feld politischer Praxis die Generierung von und kontroverse Debatte um Big Data-basierte Abbildungsverhältnisse, Regulierungsabsichten und Repräsentationsbeziehungen zu rekonstruieren (Pentzold/Fölsche 2018: 10). Es erfasst, welche Bedeutung und welche Bedeutsamkeit Daten in Wahlkampfaktivitäten zugeschrieben

---

[3] ABIDA (Assessing Big Data) ist ein interdisziplinäres Cluster zur gesellschaftswissenschaftlichen Begleitforschung im Bereich Big Data.

werden (Pentzold/Fölsche 2018: 2). Im Rahmen politischer Aktivitäten erkennen nicht nur staatliche Agenturen und Verwaltungen die Möglichkeiten einer wirksamen, datenbasierten Verhaltenssteuerung (Pentzold/Fölsche 2018: 67). Auch Parteien greifen in Wahlkämpfen auf datenbasierte Auswertungen zurück, um ihre Botschaften zu kommunizieren, WählerInnen zu adressieren und Wahlentscheidungen zu beeinflussen (Pentzold/Fölsche 2018: 67). In diesem Zusammenhang wird deutlich, dass sich die politischen Kampagnen aktiv und wesentlich an Datenanalysen beteiligen, und die verpflichtenden regulativen Maßnahmen nicht konstant durchsetzen.

Bei der Analyse des derzeitigen Standes der politikwissenschaftlichen sowie soziologischen Forschung zu diesem Forschungsgebiet, zeigt sich dabei nicht nur durch das ABIDA Projekt, dass in Bezug auf die Anwendung der Big Data Technologie durch die Datenanalyse-Unternehmen zur Manipulation von Wahlentscheidungen eine recht weitgehende Forschungslücke besteht. Insbesondere gilt dies für Auseinandersetzungen mit theoretischem Einsatz der Big Data Technologie in der politikwissenschaftlichen Disziplin.

2.2 Forschungslücke

Trotz der entscheidenden Rolle, die Datenanalyse-Unternehmen bei dem Fortbestehen des Tatbestandes der Beeinflussung der Wahlentscheidung einnehmen, und den daraus resultierenden gesellschaftlichen wie politischen Folgen, fehlt es weiterhin an wissenschaftlichen Belegen für die Aussagekraft von Facebook-Profildaten über das Wahlverhalten eines Nutzers (vgl. Kolany-Raiser/Radtke 2018: 4).

Zwar haben sich, wie im vorherigen Abschnitt dargelegt wird, einige Politikwissenschaftler mit der umfassenderen Thematik der Big Data Technologie beschäftigt, jedoch bleibt der Gegenstand der Wahlbeeinflussung durch Big Data Technologie von Datenanalyse-Unternehmen mit den damit zusammenhängenden Spezifika meist auf juristische oder ökonomische Forschungen ohne bestimmten Theoriebezug sowie auf deskriptive Forschungsliteratur beschränkt. Diese übergeordneten Beiträge allein werden dabei jedoch der Realität des Forschungsgegenstandes nicht gerecht und greifen insbesondere mit Hinblick auf eine Analyse möglicher Einsätze zu kurz. Da der

Gegenstand der Wahlbeeinflussung durch Big Data Technologie von Datenanalyse-Unternehmen nicht durch die aktuellen Forschungsansätze in seiner Gesamtheit erfasst wird, erfolgt nachfolgend eine detaillierte theoretische Auseinandersetzung vor diesem Hintergrund. Zudem werden Erklärungsansätze bzw. begünstigende Faktoren aufgezeigt. Diese Arbeit hat das Ziel als ein möglicher initialer Ansatzpunkt für die Wahlbeeinflussung durch Big Data Technologie von Datenanalyse-Unternehmen zu dienen, da hierdurch auch auf systeminhärente, politische und soziologische Faktoren verwiesen wird, sowie ferner ein weiterführendes Verständnis für diese Problematiken geschaffen werden kann.

3 Forschungsfrage

Anhand des Forschungsstandes und der identifizierten Forschungslücke ist ersichtlich, dass innerhalb der politikwissenschaftlichen Disziplin bezüglich der Thematik der Wahlbeeinflussung durch Big Data Technologie von Datenanalyse-Unternehmen noch hoher Bedarf an weiterer Forschung besteht. Die vorliegende Arbeit schließt an diesen Umstand an und behandelt die folgende Forschungsfrage:

Inwieweit kann Big Data Technologie von Datenanalyse-Unternehmen eingesetzt werden, um durch personalisierte Wahlwerbung, sogenanntes Microtargeting, die politische Wahlentscheidung zu beeinflussen?

Hierbei liegt der Fokus ausschließlich auf der Einschätzung des Missbrauchspotenzials sowie die Reflexion der spezifischen Abläufe seitens der politischen Akteure wie etwa der organisierten Wahlmanipulation anhand der theoretischen Grundkonzeption von Big Data-Analysen und Microtargeting durch Datenanalyse-Unternehmen, d.h. die rechtlichen und unethischen Aspekten bzw. Grenzen der Datenauswertung mittels Big Data Technologie werden hierbei vernachlässigt. Zugleich wird sich auf spezifische theoretische Strategie und ein zentrales Fallbeispiel beschränkt. Als Beleg für die Argumentation wird insbesondere das Fallbeispiel des Skandals von Datenmissbrauch durch Cambridge Analytica aus dem Jahr 2016 herangezogen, da hier im Gegensatz zu aktuelleren Fällen ausführliche Informationen verfügbar bzw. veröffentlicht wurden. Mit dieser Arbeit werden schließlich mögliche Erklärungsansätze aufgezeigt, wobei jedoch keine Anforderung an eine lückenlose Aufführung dieser gestellt wird.

Die nachfolgende Arbeit gliedert sich dabei wie folgt: Zunächst wird das methodische Vorgehen aufgezeigt, bevor die für die Forschungsfrage relevanten Aspekte des ausgewählten Einsatzes, dem sog. Microtargeting, skizziert werden. Auf diesen Einsatz wird anschließend in der Analyse zurückgegriffen, um eine fundierte Erläuterung der zugrundeliegenden Frage darlegen zu können. Der Analyse vorausgehend wird dabei zunächst der Forschungsgegenstand von Big Data genauer erörtert, um eine fachliche Grundlage mittels des Einsatzes des Microtargetings zu schaffen. Abschließend wird diese Arbeit mit einer Zusammenfassung der Analyse sowie einer kritischen

Reflexion der Forschungsergebnisse und der möglichen Ansatzpunkte zu weiterführender Forschung.

3.1 Wissenschaftliche, gesellschaftliche und politische Relevanz

Die Sammlung von Daten der Social-Media-User wird als relevantes Anwendungsbeispiel von Big Data-Analysen eingestuft (vgl. Kolany-Raiser/Radtke 2018: 1). Durch die zunehmende gesellschaftliche Vernetzung und Nutzung der Big Data Technologie ergeben sich Möglichkeiten zur Einflussnahme auf die politische Willensbildung, beispielsweise der Einsatz von Microtargeting (Kolany-Raiser/Radtke 2018: 1). Das Thema der Datenrevolution mit dem Schlagwort Big Data ist heutzutage aufgrund des erheblichen Umfangs neuer Möglichkeiten zur datenbasierten Entscheidungsunterstützung und Verwaltungsautomatisierung weltweit ein relevantes Thema über die wirtschaftspolitische Agenda hinaus (vgl. Thapa/Parycek 2018: 40). Da, wie bereits im Forschungsproblem verdeutlicht, die Auswirkungen und Ausmaße der Manipulation der politischen Wahlentscheidung durch Datenanalyse-Unternehmen mittels Big Data Technologie nicht nur auf einzelne Länder beschränkt sind, ist die Bekämpfung dieser Straftat insbesondere aus einer gesellschaftlichen Perspektive für alle Staaten gleichermaßen erforderlich. Dies hat den Hintergrund, dass durch eine direkte und indirekte Hilfe der Datenanalyse-Unternehmen bei der Manipulation der politischen Wahlentscheidung durch Big Data gleichzeitig auch ein Verstoß gegen den Datenschutz gefördert wird, der z.B. in Form von Datenmissbrauch als sozio-politische Problematiken offensichtlich werden. Insbesondere der fehlende Bezug soziologischer Untersuchungen mit diesen politischen, sozialen und wirtschaftlichen Zusammenhängen zeigt die wissenschaftliche Relevanz des Themas allgemein sowie der hier zugrundeliegenden Fragestellung auf.

Schließlich wird mit dieser Arbeit an aktuelle Debatten sowie Ereignisse wie beim Cambridge Analytica Skandal, aus politisch-soziologischer Perspektive angeschlossen, was nicht nur die wissenschaftliche, sondern auch die gesellschaftliche Relevanz der Forschungsfrage hervorhebt.

4 Methodische Umsetzung

Zur nachfolgenden Analyse der vorgestellten Forschungsfrage wird die Methode der qualitativen Einzelfallanalyse unter Zuhilfenahme von wissenschaftlichen Monographien bzw. Fachzeitschriftenartikel angewandt. Diese wird angewandt, da dadurch die meist deskriptiv behandelte Thematik aus einem neuen Blickwinkel analysiert, und davon abweichende begünstigende Faktoren sowie mögliche Einsätze aufgezeigt werden können. Ferner kann damit die Anwendung datenintensiver Methode im politischen sowie sozialen Bereich an einem gegenwärtig viel diskutierten Thema – dem von Big Data Technologie in der Politik – angewandt und auf ihre Beständigkeit geprüft werden. Darüber hinaus ist ein weiterer Vorteil dieser angewandten Methodik, dass mittels der zentralen Argumente des verwendeten Einsatzes eine Fallgeschichte in ihrer Ganzheitlichkeit realitätsgerecht und detailliert erfasst wird, wofür eine kritische Konfrontation und Reflexion mit dem Forschungsgegenstand erforderlich ist. Schließlich ist hierbei auch ein interdisziplinärer Ansatz gefordert, da sich dieser Ansatz und Forschungsgegenstand mit denen des Datenschutzes bzw. des Datenmissbrauchs und Politikwissenschaft überschneiden. Der vor diesem Hintergrund ausgewählte Ansatz des Microtargetings ist ein besonders adäquates Fallbeispiel in Bezug auf die Einschränkung der Entscheidungsfreiheit sowie Manipulation der Wähler. Die Problemstruktur des Microtargetings ist dieselbe wie bei vielen anderen sozialwissenschaftlichen Fragestellungen, wenn es darum geht, eine große Gruppe von Menschen zu einem bestimmten Verhalten zu bewegen (Pietsch 2014: 173). Es ist insbesondere relevant zu argumentieren, dass Microtargerting als Beispiel eines sozialen Engineering freiheitsbeschränkend wirkt (Pietsch 2014: 165). Zum einen durch das Ausnutzen psychologischer Mechanismen, die einer bewussten Entscheidung entgegenwirken (Pietsch 2014: 165). Zum anderen durch interessengefärbte Informationsauswahl, die einer ausgewogenen Informiertheit der Wähler im Weg stehen (Pietsch 2014: 165). Der Hintergrund für die Wahl dieser Big Data bezogener Strategie ist dabei, dass die Forschungsfrage damit von unterschiedlichen Perspektiven beleuchtet werden kann. In dieser Arbeit wurde sich dabei jedoch auf zentrale Konzepte dieser Strategie beschränkt, um dem Umfang der Arbeit gerecht zu werden sowie um relevante Aspekte abdecken zu können.

An dieser Stelle sei darauf verwiesen, dass in der vorliegenden Bachelorarbeit ausschließlich aus Gründen der besseren Lesbarkeit das generische Maskulinum verwendet wird. Selbstverständlich soll sich hier gleichberechtigt ebenfalls sowohl auf weibliche als auch auf diverse Personen bezogen werden.

5 Microtargeting als theoretischer Rahmen

Einer Analyse der Einsätze der Big Data Technologie aus einer politisch-soziologischen Perspektive vorausgehend werden zunächst die zugrundeliegende Theoriegrundlage bzw. die zugrundeliegende Methode des Microtargetings erläutert. Zunächst wird aus dem Theoriestrang der personalisierten Wahlwerbung, sogenanntes Microtargeting, die zentralen Aussagen des Modells vorgestellt. Dieser gemeinsam ist eine Betrachtung des Individuums als Ausgangspunkt rechtlicher Handlungen. Im Anschluss sollen die tatsächlichen und rechtlichen Grenzen des Microtargetings aufgezeigt werden.

5.1 Microtargeting

5.1.1 Politisches Microtargeting

Das sog. Microtargeting wird in der Debatte oft als Begriff für jedweden datengestützten Wahlkampf verwendet (Kolany-Raiser/Radtke 2018: 2). Gemäß den Wissenschaftlern Frédéric Dubois, Tom Dobber und Natali Helberger (2018) ist politisches Microtargeting eine von PolitikerInnen eingesetzte Technik, mit der einzelne WählerInnen durch individualisierte Nachrichten angesprochen werden, angepasst auf deren Hintergrund, Einstellung, Glauben oder Sorgen. In Wahlkampfzeiten kann politisches Microtargeting dazu genutzt werden, um Wahlwerbung zu personalisieren. Zwischen den Wahlen wird es oft dazu verwendet, den Kreis der WählerInnen zu vergrößern, diese zu mobilisieren und bestehende WählerInnen zu binden (Dubois et al. 2018).

Nach der Definition von den Big Data Forschern Dr. Barbara Kolany-Raiser und Tristan Radtke (2018: 2) ist Microtargeting die personalisierte und zielgerichtete Ansprache der einzelnen Wähler unter Vorhersage der Auswirkungen dieser Ansprache. Unter dem weiten Begriffsverständnis können datengestützte Haustürwahlkämpfe ebenso wie gezielte Telefonanrufe oder personalisierte Werbeanzeigen im Internet als Microtargeting anzusehen sein (Kolany-Raiser/Radtke 2018: 2). Darüber hinaus, ist das Element der gezielten und personalisierten Ansprache mittels gewonnener Daten zentral für Microtargeting (Kolany-Raiser/Radtke 2018: 2).

Im Zeitalter von Big Data, in dem immer mehr Daten, z.B. aus sozialen Netzwerken wie Facebook, zur Verfügung stehen, gewinnt der Einsatz von Microtargeting im Wahlkampf an Attraktivität (Kolany-Raiser/Radtke 2018: 2). Obwohl sich aufgrund der zahlreichen Faktoren, die Einfluss auf das Wahlergebnis haben, die tatsächliche Wirksamkeit nicht ohne weiteres messen lässt (Kolany-Raiser/Radtke 2018: 2). Dies bestätigt sich dadurch, dass:

> "Online political microtargeting is a type of personalised communication that involves collecting information about people and using that information to show them targeted political advertisements. Politicians apply microtargeting because they expect that targeting makes ads more effective. Such ads can address issues which are important to an individual, adapting the format and language to meet the individual needs and interests for maximum effect. Recipients of targeted political information are more likely to act upon it. Online political microtargeting may be both a blessing and a curse to democracies. It could increase participation, and lead to more knowledge among voters about certain topics. But microtargeting also brings risks. For instance, a political party could, misleadingly, present itself as a one-issue party to different individuals. And data collection for microtargeting raises privacy concerns."

(Zuiderveen Borgesius et al. 2018: 82; Hervorhebung im Original).

Aus diesem Zusammenhang geht hervor, dass unabhängig von der Frage nach der Effizienz und der rechtlichen Bewertung Microtargeting weiteren Einfluss auf die Art des politischen Diskurses haben kann (Kolany-Raiser/Radtke 2018: 2). Microtargeting soll beispielsweise aus Sicht der politischen Parteien die Kosten für die Ansprache des einzelnen Wählers senken (Kolany-Raiser/Radtke 2018: 2). Dies geht schließlich so weit, dass:

> „online political microtargeting could also be seen as a type of behavioural advertising, namely political behavioural advertising."

(Zuiderveen Borgesius et al. 2018: 83; Hervorhebung im Original).

Die klassischen Wahlkampfaktivitäten, wie etwa Auftritte von Politikern und Wahlwerbespots, könnten mittels Big Data Technologie potenziell eine breite und heterogene Masse erreichen (vgl. Kolany-Raiser/Radtke 2018: 3). Die Methode des Microtargetings durch psychometrische Analyse großer Datensätze (Big Data) scheint besonders in Wahlkämpfen mit knappen

Mehrheitsverhältnissen relevant, um Wählermeinungen zu beeinflussen (Kind/Weide 2017: 1).

5.1.2 Bestandsaufnahme des politischen Microtargeting im USA-Wahlkampf

Microtargeting ist vor allem aus den Wahlkämpfen in den USA bekannt (Kind/Weide 2017: 2). Erstmalig wurden Daten zum Lebensstil und zum Einkaufsverhalten in der Kampagne von Bill Clinton 1996 dokumentiert (Kind/Weide 2017: 2). Bekannt und populär wurde das Microtargeting im US-Wahlkampf 2008 von Barack Obama (Kind/Weide 2017: 2). Damals wurde erstmalig Big Data unter Nutzung von sozialen Medien für das politische Marketing eingesetzt und einzelne Wähler zielgenau in den wahlentscheidenden Swing-States adressiert oder für Spenden angesprochen (Kind/Weide 2017: 3). Wie Barack Obama soll auch Hillary Clinton bereits im Wahlkampf 2008 als Kandidatin der Demokraten im Wettrennen gegen Obama stark auf das Microtargeting gesetzt haben (Kind/Weide 2017: 3). Seit den Wahlkämpfen 2012 setzen auch die Republikaner auf ein solches Verfahren (Kind/Weide 2017: 3). Anschließend im Jahr 2016 soll Cambridge Analytica nicht nur die Brexit-Entscheidung, sondern auch den US-Wahlkampf von Donald Trump unter Nutzung von psychologischen Profilen, demografischen Informationen sowie Daten von Facebook beeinflusst haben (Kind/Weide 2017: 3). Im Jahr 2018 wurde veröffentlicht, dass 87 Millionen Datensätze von Facebook-Nutzern die Grundlage für die Arbeit von Cambridge Analytica waren und entgegen der Facebook-Vorgaben genutzt wurden (Kolany-Raiser/Radtke 2018: 4).

Im Falle von Microtargeting werden möglichst viele Daten von Wählerinnen und Wählern gesammelt, in Datenbanken gespeichert und über Machine-Learning-Verfahren ausgewertet. Auf dieser Grundlage findet eine Feinjustierung der Wahlkampfkampagnen statt und es wird festgelegt, welche Wahlberechtigten auf welchem Weg angesprochen werden sollten.[4] Die tatsächliche Bedeutung des praktizierten Microtargetings lässt sich kaum sicher

---

[4] Microtargeting in Deutschland und Europa. Online: https://www.medienanstalt-nrw.de/foerderung/forschung/aktuelle-forschungsprojekte/microtargeting-in-deutschland-und-europa.html (zuletzt geprüft am 7.10.2019).

ermitteln aufgrund der zahlreichen Faktoren, die Einfluss auf ein erfolgreiches Wahlergebnis haben (Kolany-Raiser/Radtke 2018: 11). Daher bleibt den Parteien nichts anderes übrig als entweder den Verheißungen von mehr Effizienz im Wahlkampf zu vertrauen oder Nachteile wie einen drohenden „Wahlkampf im Untergrund" stärker zu gewichten (ebd.). Microtargeting besitzt das Potenzial, den Wettbewerb der Meinungen zu beeinflussen (ebd.).

Risiken des Microtargetings werden häufig darin gesehen, dass kleine Einheiten der Gesellschaft mit für sie passenden Nachrichten adressiert werden. Diese Form der Werbung kann letztlich dazu führen, dass bei den angesprochenen Gruppen Filterblasen entstehen, die zu einer selektiven Wahrnehmung von Themen führen. Eine Folge davon kann sein, dass diese Verfahren die Demokratie unterminieren, wenn Debatten unmöglich werden, weil jeder eine andere politische Botschaft erhält (Kind/Weide 2017: 6).

Ähnlich wie die amerikanischen Parteien könnten auch die hiesigen Parteien oder regierungsnahen Organisationen im anstehenden Wahlkampf Experimente mit politischer Wahlwerbung betreiben, indem verschiedenen Nutzergruppen mit bestimmten Interessen und Verhaltensweisen unterschiedliche Botschaften zur Verfügung gestellt werden. Den Nutzern sei nicht transparent, dass sie spezifisch ausgewählt worden sein (Kind/Weide 2017: 6).

In den USA spielen datengestützte Wahlkämpfe eine wichtige Rolle – auch wenn die tatsächlichen Auswirkungen einer einzelnen Methode auf das Wahlergebnis nur schwer zu messen sind. Ein Grund für die Bedeutung der datengestützten Wahlkämpfe ist die einzigartige Datengrundlage der Parteien. In den USA gibt es kein zentrales Einwohnermeldeamt. Zur Verhinderung von Wahlbetrug werden stattdessen öffentliche Wählerlisten geführt, die von den US-Bundesstaaten an die Parteien weitergegeben werden. Der Umfang der Datensätze divergiert je nach Bundesstaat, zum Teil sind auch Informationen über die ethnische Zugehörigkeit und die Registrierung zu den Vorwahlen der Demokraten oder der Republikaner enthalten. Die Datensätze aus den Wählerverzeichnissen können um weitere Daten ergänzt werden, sodass sich noch umfangreichere Profile der Wahlberechtigten aus den Wählerlisten ergeben. Zu diesem Zweck kaufen die Demokraten und Republikaner z.B. Marketing-Daten ein (Kolany-Raiser/Radtke 2018: 4).

Das Zusammenführen von Datensätzen ist ein wesentlicher Erfolgsfaktor der neuen Methoden, weil es die Wahrscheinlichkeit erhöht, robuste Zusammenhänge aufzudecken. Des Weiteren ist entscheidend, dass überhaupt Daten zur Verfügung stehen, die das Wahlverhalten einer möglichst großen und vielfältigen Gruppe von Wählern erfassen und mit anderen Parametern kombinieren (Pietsch 2014: 172). In den USA unterhalten sowohl die Demokraten wie auch die Republikaner entsprechende Datenbanken (ebd.). Sind genügend Personen auskunftsbereit, lässt sich das Wahlverhalten der übrigen modellieren (ebd.). Hier zeigt sich auch, warum herkömmliche Prinzipien von Datenschutz rasch an Grenzen stoßen (ebd.). Die Auskunftsbereitschaft einiger kann auch die Vorhersagbarkeit jener zur Folge haben, die mit ihren Daten vorsichtiger umgehen (ebd.). Aus diesem Grund sollen nachfolgend die rechtlichen Grenzen der Big Data-bezogenen theoretischen Grundlage genauer erläutert werden.

5.2 Rechtliche Grenzen des Microtargetings

Die Rechtslage stellt primär aufgrund ihrer Inkonsistenz innerhalb einzelner Länder und über Ländergrenzen hinweg eine Barriere für das Potenzial von Big Data und dessen Methoden wie Microtargeting dar (vgl. King 2014: 156). Es wird derzeit verstärkt an neuen Formaten für die Regulierung von Big Data gearbeitet, jedoch konnte bisher weder die Entwicklung finalisiert noch die Implementierung gestartet werden (King 2014: 156). Zukünftige Richtlinien werden die Privatsphäre, das Eigentumsrecht an Daten und den Datenschutz fokussieren und strengere Kontrollen bzw. eine Auskunftspflicht für Organisationen einführen (King 2014: 157). In Europa geschieht dies mit der *„Data Protection Regulation"*, in den USA mit der *„Consumer Privacy Bill of Rights"* (King 2014: 157).

Soweit im Microtargeting dem einzelnen Wähler gezielt Versprechungen gemacht werden, ist ein Abgleich mit anderen Aussagen des gleichen Politikers nicht möglich (Kolany-Raiser/Radtke 2018: 3). Widersprüche können nicht aufgedeckt und von einer breiten Öffentlichkeit erörtert werden (Kolany-Raiser/Radtke 2018: 3). Ebenso wenig wie die Übergabe von Daten von Konsumentinnen und Konsumenten an Organisationen ist derzeit der Austausch von Daten zwischen Unternehmen geregelt (King 2014: 157).

Microtargeting verstärkt die Gefahr, dass womöglich widersprüchliche Versprechungen im Wahlkampf gar nicht öffentlich werden und es leichter fällt, gezielt Wähler der konkurrierenden Parteien unentdeckt zu demobilisieren (Kolany-Raiser/Radtke 2018: 3). Bestimmten Akteuren sollte es demnach untersagt sein, gewisse gesellschaftlich relevante Daten zu erheben (Pietsch 2014: 182). Demokratische Parteien sollen zwar Informationen über Interessen und Wünsche ihrer Wähler erheben dürfen, aber es sollte ihnen nicht gestattet sein, diese mit dem jeweiligen Wahlverhalten zu verknüpfen (Pietsch 2014: 183). Dadurch lässt sich das hier geschilderte Microtargeting unterbinden, das einer wohlinformierten, freien Wahlentscheidung entgegenwirkt (Pietsch 2014: 183).

Die Wählerschaft und ihre Wertvorstellungen können Einfluss darauf haben, wie das Microtargeting eingesetzt wird (Kolany-Raiser/Radtke 2018: 3). Insbesondere der Einsatz von Microtargeting in US-Wahlkämpfen offenbart seine Attraktivität für Parteien ebenso wie die unterschiedlichen Erscheinungsformen des Microtargetings (Kolany-Raiser/Radtke 2018: 3). Der datenbasierte Wahlkampf wurde stetig optimiert und so wurde für den überraschenden Wahlerfolg Trumps 2016 ein entsprechender Erklärungsversuch unternommen: Mittels Daten von Facebook-Profilen soll es dem Unternehmen Cambridge Analytica gelungen sein, die Wertvorstellungen und politischen Einstellungen der Wahlberechtigten besser einzuschätzen, um das Wahlverhalten möglichst genau vorhersagen zu können (Kolany-Raiser/Radtke 2018: 4). Die Aktivitäten der Facebook-Nutzer seien so aussagekräftig, dass sich etwa anhand der Likes mit 95-prozentiger Wahrscheinlichkeit die Parteiaffinität eines Nutzers prognostizieren lasse (Kolany-Raiser/Radtke 2018: 4). Ausschlaggebend sind damit – wie regelmäßig bei dem Einsatz von Big Data – auch bei diesem Verfahren Korrelationen, also Zusammenhänge zwischen verschiedenen Datensätzen (Kolany-Raiser/Radtke 2018: 4).

Das Microtargeting im US-amerikanischen Wahlkampf schafft so eine Blasenwelt, in der gezielte Informationsauswahl den Wähler dazu bewegen soll, für einen Kandidaten zu stimmen (Pietsch 2014: 180). Anstatt vollständig über das Wahlprogramm zu informieren, werden selektiv Informationen an den

Bürger herangetragen mit dem Ziel, dass diese ihn zum gewünschten Wahlentscheidung verleiten (ebd.). Eine funktionierende Demokratie sollte aber darauf hinarbeiten, einer möglichst großen Zahl von Bürgern eine wohlinformierte Wahlentscheidung zu ermöglichen und psychologische Manipulationsversuche weitgehend zu verhindern (ebd.). Die Praxis des Microtargetings untergräbt diese Zielsetzung (ebd.). Unternehmen werden bei Big Data Projekten deshalb häufig mit rechtlichen Barrieren konfrontiert (King 2014: 106). Es muss festgelegt werden, welche Rechte zur Nutzung der Daten erforderlich sind, wer für den rechtskonformen Umgang der Daten verantwortlich ist und welche rechtlichen Risiken entstehen, wenn Drittparteien mitwirken (ebd.). Um dem wertschöpfenden Gebrauch von Daten und dem Schutz der individuellen Privatsphäre gleichermaßen Sorge zu tragen, müssen politische Entscheidungsträgerinnen und -träger fundamentale Konzepte des Privatsphäre-Rechts überarbeiten, einschließlich die Definition von personenbeziehbaren Daten, Einverständniserklärungen und dem Prinzip der Datenminimierung (ebd.: 110). Oftmals sind die Nutzungsmöglichkeiten von Daten zum Zeitpunkt der Datensammlung schwer zu antizipieren (ebd.). Es kann vor diesem Hintergrund folglich davon ausgegangen werden, dass für die Einordnung und Beurteilung des Microtargetings eine Unterscheidung zwischen zwei Arten von Gesetzen bedeutsam ist (Pietsch 2014: 181). Diese bestimmen gemeinsam das gesellschaftliche Zusammenleben: auf der einen Seite Gesetze der Freiheit, auf der anderen Gesetze der Notwendigkeit (ebd.). Hier entsteht ein beträchtlicher Regulierungsbedarf, wie nicht zuletzt das Beispiel Microtargeting zeigt (ebd.). Die Gesetze der Freiheit sind über Jahrhunderte ausgearbeitet und ausgehandelt worden, vor allem [...] in der politischen Theorie (ebd.). Diese Gesetze sind auf ein bestimmtes Ziel ausgerichtet, sollen letztlich ein geregeltes Zusammenleben gewährleisten, das Wohlstand, Zufriedenheit und Gestaltungsmöglichkeiten für alle in größtmöglichem Maß erlaubt (ebd.).

Für keiner dieser Barrieren konnten bislang ausreichende Lösungen entwickelt und in der Praxis angewendet werden (King 2014: 157). Eine frühzeitige Vorbereitung der Organisationen auf die abzusehenden Veränderungen ist ohne Zweifel zu empfehlen (ebd.).

Die Anwendung datenintensiver Wissenschaft in der Politik erlaubt ein genaueres Bild von den Wünschen und Erwartungen der Wähler zu zeichnen und den Bürger mit seinen Interessen zunehmend als Individuum wahrzunehmen (Pietsch 2014: 182). Dies kann zu einer bürgernahen Politik und zu einer Verbesserung des demokratischen Prozesses führen (Pietsch 2014: 182). Dennoch dürfen datenintensive Methoden nicht für eine gezielte Manipulation der Wähler verwendet werden, wie es durch das Microtargeting geschieht (Pietsch 2014: 182). Deshalb warnen Kritikerinnen und Kritiker vor dem Missbrauch der Daten und der Entwicklung eines Überwachungsstaates (King 2014: 111). Für keiner dieser Barrieren konnten bislang ausreichende Lösungen entwickelt und in der Praxis angewendet werden (King 2014: 157). Eine frühzeitige Vorbereitung der Organisationen auf die abzusehenden Veränderungen ist ohne Zweifel zu empfehlen (ebd.). Die Richtlinien zur Datensammlung und -nutzung sollten demnach verschärft, konkretisiert und der Verstoß dagegen härter bestraft werden (King 2014: 111). Data Governance kann die Erfüllung der Richtlinien und die derzeit notwendige Einzelfallprüfung unterstützen (King 2014: 157). Eine absolute Anonymisierung der Daten ist der Überwindung rechtlicher Barrieren ebenso zuträglich wie der Zukauf von Know-how und Expertisen, falls diese in der Organisation noch nicht vorhanden sind (ebd.). Um das Potential von Big Data allen Unternehmen unter spezifischen Bedingungen zum Schutz der Konsumentinnen und Konsumenten zugänglich zu machen, wird eine Kontrollinstanz benötigt (ebd.). Bisher konnte aufgrund der großen Verantwortung und Macht, welche dieser Instanz zukommt, keine einvernehmliche Lösung gefunden werden, wie dies aussehen könnte (ebd.). Wer die Informationen kontrolliert, wird Macht und Einfluss haben und kann diese zur Erreichung von positiven oder negativen Ergebnissen einsetzen (ebd.).

6 Forschungsgegenstand Big Data

6.1 Definition von Big Data

Vor dem Beginn der Analyse der Fragestellung wird zunächst der zentrale Forschungsgegenstand von Big Data definiert, um ein einheitliches Verständnis dieses Phänomens in der vorliegenden Arbeit zu gewährleisten. Es gibt unzählige Definitionen von Big Data. Das erste Mal wurde der Begriff Big Data im Jahr 1997 in einem wissenschaftlichen Papier zur Visualisierung großer Datenmengen erwähnt (Weyer et al. 2018: 76).

Eine in Deutschland häufig genutzte Definition stammt vom Industrieverband des Informations- und Kommunikationstechnikunternehmen Bitkom (2012: 19):

> „Big Data ist die [...] wirtschaftlich sinnvolle Gewinnung und Nutzung entscheidungsrelevanter Erkenntnisse, die aus qualitativ vielfältigen und in bisher ungekannten Umfang anfallen".

Doug Laney von der Gartner Group beschreibt Big Data als „Datenmengen, die größer sind, als man gewöhnt ist" (Gadatsch/Augustin 2012: 1616). Nach den anderen Quellen ist Big Data ein Ausdruck gesellschaftlicher Auseinandersetzungen über die Gestaltung der Digitalisierung und somit über Machtverhältnisse (Ulbricht 2017: 18). In der Befassung mit Big Data sind aus soziologischer Perspektive die Handlungen, Praktiken und subjektiven Motive der Akteure relevant, die sich an der Erfassung großer Datenmengen beteiligen (Weyer et al. 2018: 70). Relevant sind ferner die Mechanismen der Verarbeitung großer Datenmengen durch Datenanalysten, die [...] die soziale Ordnung prägen bzw. neue soziale Strukturen und damit verbundene Rollenverteilungen und Machtverteilungen schaffen (Weyer et al. 2018: 70). Das Big-Data-Prozessmodell stellt einen Zusammenhang zwischen den genannten Teilaspekten her und will auf diese Weise einen Grundstein für eine soziologische Betrachtung von Big Data legen (Weyer et al. 2018: 70). In der soziologischen Disziplin kann Big Data nach der Definition von Soziologin Sophie Mützel (2015: 67) nicht nur als ein neuartiges soziotechnisches Phänomen, sondern auch als ein neuartiges Verfahren zur Analyse von Massendaten, das sowohl die Informatik als auch die Sozialwissenschaften insgesamt tangiert, erklärt werden. Für die Soziologie im Besonderen eröffnet Big Data die Möglichkeit der

> „Analyse großer Datenmengen [...], die nicht durch klassische Datenerhebungsmethoden wie Umfrage, Beobachtung oder Experimente generiert wurden, sondern durch digitale Kommunikationen (z.B. Twitter, Emails, Facebook) und durch die Nutzung digitaler Medien (z.B. geographische Ortung, Suchbegriffe im Internet). Die interdisziplinäre entwickelte Analyse solcher Datenmengen, die nicht auf Stichproben sondern auf Gesamtpopulationen basieren, verspricht neue Einblicke in prozessuale Handlungsmuster." (Mützel 2015: 67).

Im Blick auf datengetriebene Wahlkämpfe ist Big Data aus der politischen Sicht ein wirkungsvolles Instrument, diese kampagnenförmigen politischen Prozesse planbarer, kontrollierbarer und letztlich erfolgreicher zu führen (Pentzold/Fölsche 2018: 6). Die Nutzung von Daten wird als entscheidendes Element professionaler Kampagnen gesehen. So diene das Microtargeting der Identifizierung und Ansprache potentiell überzeugbarer und mobilisierbarer Wahlberechtigter oder SpenderInnen (Pentzold/Fölsche 2018: 6).

Diese weitgefassten Definitionen machen deutlich, dass Big Data ein komplexes Aufgabenfeld ist, dass völlig neue Möglichkeiten zur schnellen und kostengünstigsten Verarbeitung sehr großer strukturierter und unstrukturierter Datenmengen, idealerweise in Echtzeit, schafft.

Big Data ist jedoch keine alleinstehende Handlung, sondern setzt sich vielmehr aus mehreren aufeinanderfolgenden Eigenschaften zusammen. Dabei wird dieses Phänomen in der wissenschaftlichen Literatur mehrheitlich unterschiedliche Eigenschaften enthalten, die nachfolgend genauer beleuchtet werden sollen.

6.2 Die vier Eigenschaften von Big Data

Die gängigsten Definitionen weisen Big Data vier spezifische Eigenschaften zu: Volume (Menge), Velocity (Geschwindigkeit der Mengenzunahme), Variety (Vielfalt bezüglich Inhalt, Quellen und Struktur) und Veracity (Verlässlichkeit oder auch Wahrhaftigkeit) und werden gemeinhin als die vier V's bezeichnet (König et al. 2018: 18). Dabei handelt es sich um Kunden-,

Transaktions-, Bewegungs- und Verhaltensdaten, um Kommunikationsdaten und Social Media-Inhalte, um User Generated Content, um Daten aus Activity Trackern und Wearables, um Smart Home Daten und vielen anderen Quellen (ebd.).

Datenmenge (Volume) bezeichnet das grundlegende Phänomen von Big Data, die riesigen Datenmengen in Bereichen von mehreren Terabytes bis hin zu Zettabytes. Somit sollten sich Organisationen möglicherweise auf ein unlimitiertes Datenvolumen vorbereiten, zumal die Speicherkosten nicht mehr in bisherigem Maße relevant sein werden. Diese Datenmengen stehen Unternehmen wiederum über unterschiedliche Datenquellen zur Verfügung. Die Daten „lagern" dann in virtualisierten Clustern oder Clouds, die sich unzähliger Rechner bedienen. Die Nutzung dieser IT-Infrastrukturen wird dann bedarfsgerecht gesteuert. Datenvielfalt (Variety) verdeutlicht die Heterogenität, in der Daten strukturiert – oder präziser formuliert – „unterstrukturiert" sind. So existieren Dateien und Datensätze in unterschiedlichsten Formaten und auf unterschiedlichen Quellsystemen. Diese Daten werden wiederum von ganz unterschiedlichen Menschen eingegeben und bearbeitet. Deutlich wird dies insbesondere dann, wenn externe Daten hinzukommen, etwa aus sozialen Netzwerken. Diese Datenvielfalt steht in Verbindung mit einer „Wahrhaftigkeit" (Veracity), bei der es um Fragen der Unsicherheit und Inkonsistenz von Daten geht, die gewissermaßen aus der skizzierten Vielfalt resultieren. Geschwindigkeit (Velocity) schließlich thematisiert die Verarbeitungsgeschwindigkeit, mit der Daten mithilfe mathematisch-statistischer Verfahren und Optimierungsalgorithmen möglichst flexibel und in Echtzeit verarbeitet und übertragen werden (Kraus 2013: 4).

Big Data beschreibt also die Nutzung großer Datenmengen aus unterschiedlichen Quellen und Formaten, mit dem Ziel, diese sehr schnell, und möglichst in Echtzeit, zu verarbeiten (Kraus 2013: 2). Zusammenfassend bedeutet dies, dass Big Data sich durch große Datenvolumina auszeichnet, welche sowohl strukturiert, halbstrukturiert als auch unstrukturiert sein können und mit hoher Geschwindigkeit produziert als auch verarbeitet werden, wobei die Sicherheit bzw. Qualität der Daten fragwürdig sein kann, jedoch einen Mehrwert für ein Unternehmen bzw. ein Forschungsprojekt darstellen.

Im Nachfolgenden wird gezeigt, wo diese moderne Technologie eingesetzt werden kann.

6.3 Einsatzgebiete von Big Data

Die Einsatzpotenziale von Big Data Technologie sind breit und tief und kennen keine Branchengrenzen oder funktionale Einschränkungen (Gadatsch/Landrock 2017: 6). Vor diesem Grund werden nachfolgend einige Beispiele vorgestellt, die innovative Einsatzfelder von Big Data veranschaulichen. Insbesondere das medizinische Umfeld ist häufiger Gegenstand der Berichterstattung geworden, da die Hoffnung besteht, mit Big Data Technologien medizinische Prozesse zu beschleunigen (ebd.). Themen wie „Frühwarnung vor Epidemien" oder „Fernüberwachung von Patienten" finden sich daher immer häufiger in der täglichen Berichterstattung (Gadatsch/Landrock 2017: 7). Die Unternehmen sind insgesamt noch nicht sehr weit gesehen, die Potenziale für Big Data zu erschließen. Ein weiterer Grund besteht möglicherweise darin, dass bei personenbezogenen Daten, die im betrieblichen Gesundheitsmanagement naturgemäß anfallen, der Einsatz von Big Data Technologie besonderen Schutzvorschriften unterliegt (Gadatsch/Landrock 2017: 7).

Das Unternehmenscontrolling ist ein häufig genannter Einsatzbereich für Big Data (Gadatsch/Landrock 2017: 7). Controlling ist in die Zukunft gerichtet und versucht möglichst früh Trends und Entwicklungen zu erkennen (ebd.). Deshalb kann diese betriebswirtschaftliche Disziplin sehr stark von den Big Data Technologien profitieren (Gadatsch/Landrock 2017: 8). So könnten Services wie Kundenprognose auf der Basis von Verkehrsinformationen aller Art den Anbietern von Car Sharing bereitgestellt werden (ebd.).

Zahlreiche Studien zeigen auf, dass Verfahren der automatisierten Datenverarbeitung, die auf sehr große Datenbestände zurückgreifen, inzwischen dazu genutzt werden, um zwischen regelkonformen Handlungen und Regelverstößen zu unterscheiden und Akteure als schuldig oder unschuldig, bestechlich oder unbestechlich zu beurteilen (Ulbricht/Haunss 2018: 178-179). Beispiele finden sich in allen Politikfeldern: In der Gesundheitspolitik werden über Data Mining Zielgruppen identifiziert und auf dieser Grundlage ihr

Zugang zu Fördermaßnahmen bestimmt, wie es etwa durch das US-Department of Veterans Affairs (VA) praktiziert wird (Fihn et al. 2014). In der Sozialpolitik dient Big Data der Kontrolle von Sozialhilfeempfängerinnen und -empfängern, um Betrug zu vermeiden: Mithilfe von kombinierten Datensätzen und Data Mining Verfahren werden Risikogruppen bestimmt und durch Vorladungen und Hausbesuche kontrolliert (Maki 2011: 52-54). In der Verkehrspolitik dient Big Data der Lenkung von Verkehrsströmen, etwa zur Vermeidung von Staus im Autoverkehr oder vor Engpässen im öffentlichen Nahverkehr, indem Verkehrsteilnehmerinnen und -teilnehmer auf entsprechende Informationen zugreifen können (Biem et al. 2010: 1094). In der Energiepolitik werden die von Smart Meter generierten Daten dafür eingesetzt, um Endnutzerrinnen und -nutzer zum Stromsparen zu animieren (McKenna et al. 2012: 809). Auch in der Kriminalitätsbekämpfung wird Data Mining in großen Datensätzen eingesetzt, um zu bestimmen, wo besonders eingehende Kontrollen eine Straftat vorbeugen oder diese aufdecken können, etwa durch die flächendeckende Prüfung von Steuererklärungen (Hoyer/Schönwitz 2015:17) oder bei der Analyse von Einbruchdiebstahl (Merz 2016). Nachrichtendienste wie die NSA nutzen und analysieren große Mengen von Kommunikationsdaten, um zwischen US-Bürgerinnen und Bürgern und anderen Personen unterscheiden zu können (Cheney-Lippold 2016: 1722). Auf diese Weise entsteht eine „algorithmically defined citizenship", welche bestimmt, ob die Daten einer Person durchsucht werden dürfen oder nicht (Cheney-Lippold 2016: 1722). Dabei kann Big Data auch von zivilgesellschaftlichen Organisationen zur Bewertung staatlicher Leistungen genutzt werden, der Rekrutierung von Unterstützerinnen und Unterstützern dienen oder zur Entwicklung neuartiger Handlungsstrategien (Ulbricht/Haunss 2018: 179).

Die Anwendung von Big Data Technologie verläuft dabei fließend von der Anwendung für unternehmerische Zwecke zu öffentlichen Zielen und bürgerlichen Nutzen. Aufgrund des Umfangs der Publikationen in der einschlägigen Literatur können an dieser Stelle nicht alle Anwendungsfälle erläutert werden. Die obenstehende Darstellung beschränkt sich somit auf einen Auszug der am häufigsten genannten Anwendungsgebiete.

Es gibt Werte und Ziele, die die Ausweitung von Big Data auf immer mehr Lebensbereiche vorantreiben, etwa ein Streben nach Effizienz und Effektivität bei Entscheidungen. Ebenso gibt es Werte, die die Anwendung von Big Data auf immer weitere Lebensbereiche begrenzen, wie etwa ethische Ansprüche an die Wahrung menschlicher Autonomie und gesellschaftlicher Solidarität. Ein Wert, der die öffentliche Debatte über Big Data in den letzten Jahren zunehmend mitprägt, ist jener der Fairness: Die Befürchtung, dass Big Data zu neuen und/oder massiven Diskriminierungen führen könnte, scheint ein zentraler Faktor für die Entwicklung von Big Data zu werden (Ulbricht et al. 2018: 198).

Schließlich spielt Big Data darüber hinaus auch eine zentrale Rolle bei anderen destabilisierenden Faktoren für die Gesellschaft. So korreliert diese Technologie oftmals auch mit der Beeinflussung der Wahlentscheidungen. Vor allem in sozio-ökonomisch instabilen Staaten kann dieser Faktor noch zusätzlich zu einer Verschärfung der politischen Situation führen.

6.4 Vor- und Nachteile der Big Data Technologie

Aufgrund der unzähligen Einsatzmöglichkeiten von Big Data in allen Bereichen und Branchen werden hierbei die Vor- und Nachteile zusammengefasst. In Unternehmen lassen sich Entscheidungen unterschiedlicher Art ebenfalls mithilfe von Big Data verbessern (Davenport 2014: 22). Weiterhin können Big Data dazu beitragen präventiv Entscheidungen zu treffen. Beispielsweise können durch die Auswertung von Maschinendaten Informationen darüber erhalten werden, in welchen Abständen die Maschine ausfällt. Durch Einsatz zusätzlicher Sensorik kann die Abhängigkeit des Ausfalls von bestimmten Faktoren ermittelt werden. Durch die gewonnenen Informationen lassen sich präventive Maßnahmen, z.B. eine Instandhaltung zu einem bestimmten Zeitpunkt vor Ausfall der Maschine, einrichten.[5]

---

[5] Chancen und Risiken durch Big Data. Online: http://www.industry-analytics.de/chancen-und-risiken-durch-big-data/ (zuletzt geprüft am 28.10.2019).

Die Transparenz als Vorteil der Nutzung von Big Data richtet sich vor allem an Kunden von Unternehmen. Normalerweise erfährt der Käufer nicht viel darüber, was hinter einem Produkt oder einer Dienstleistung steckt, bzw. wie viel tatsächlich von den durch das Unternehmen vermittelten Informationen stimmen. Durch Big Data Analytics sind die Kunden nun in der Lage Daten zu suchen und zu analysieren, was ihnen tiefe Einblicke in die Unternehmen gewährt. Mithilfe der vollständigen Transparenz der Produktion können Unternehmen, welche fälschlicherweise Produkte mit jenen Attributen anbieten, aufgedeckt werden. Transparenz ist jedoch nicht nur in Unternehmen, sondern auch in Behörden von großer Bedeutung. Hierbei sind die Chancen von Big Data besonders Korruption aufzudecken. Dies spielt vor allem in den Entwicklungsländern eine sehr wichtige Rolle.[6]

In einer Studie aus dem Jahr 2012 gaben nahezu drei Viertel der Organisationen (73%) an, bereits Umsatz durch die Nutzung von Big Data generiert zu haben (vgl. Avanade 2012: 3). Während 57% davon existierende Umsatzströme erweitert haben, entwickeln 43% mit Big Data völlig neue Umsatzquellen (ebd.). Das entsprechende Know-how erweist sich in dem Zusammenhang als besonders wichtig. Ein Großteil der Unternehmen mit Datenanalysten (88%) konnte erfolgreich Umsatz mit Big Data generieren (ebd.). Unter den Organisationen ohne Analysten gelang dies nur 49%. 87% aller Unternehmen berichten von besseren Entscheidungen auf Basis von Big Data (vgl. Avanade 2012: 3). Eine Studie in den USA bestätigt ebenfalls, dass Organisationen mithilfe von Big Data bessere unternehmerische Entscheidungen fällen wollen und die Möglichkeit, Erkenntnisse aus vielen Quellen zu erhalten, als den primären Wert von Big Data Analysen ansehen (vgl. Davenport & New Vantage Partners 2013: 7). Darüber hinaus geben 22% der Befragten an, dass sie durch Big Data das Kundenerlebnis verbessern wollen. 15% nennen Verkaufssteigerungen, jeweils 11% Risikoreduktion und Produktinnovationen und jeweils 10% effiziente Betriebsprozesse und Qualitätssteigerungen bei Produkten und Services als Erwartung an Big Data Analyse (vgl. Davenport & New Vantage Partners 2013: 9).

---

[6] ebd.

Alle erzielten Vorteile von Big Data – schnelle Entscheidungen, optimierte Systeme überall im Unternehmen, erhöhte Transparenz oder auch ein besserer Kundenservice – basieren letztendlich auf dem Verlust und dem Verzicht der Privatsphäre. Damit verbunden gibt es viele Risiken, die bedacht werden müssen. Der Datenschutz ist ein weiteres großes Risiko. Es muss gewährleistet werden, dass personenbezogene Daten an keine Dritten gelangen können.[7]

Das größte Risiko und der zu weiten Teilen meistkritisierte Punkt an Big Data ist der Eingriff in die Privatsphäre der Menschen.[8] Aus rechtswissenschaftlicher Perspektive stellen sich zum einen kurzfristige, eher mit hergebrachten Instrumenten zu bewältigende Fragen der (insbesondere datenschutz-)rechtlichen Zulässigkeit, wenn große Mengen personenbezogener Daten erhoben und verwendet werden sollen (König et al. 2018: 149). Zum anderen werden mittel- und langfristig fundamentale Probleme hervorgerufen, die nicht nur das Individuum und die Ausübung seiner Grundrechte in einer Welt allgegenwärtiger Rechnertechnik betreffen; sondern auch unser hergebrachtes Verständnis der kollektiven demokratischen Entscheidungsprozesse (König et al. 2018: 149). Es wäre deshalb viel zu eingeschränkt, Big Data als rein technische Herausforderung zu begreifen. Vielmehr handelt es sich um technisch-soziale Innovationen, die nicht allein unter technischen Paradigmen der Machbarkeit gestaltet werden können (König et al. 2018: 149).

Diejenigen Unternehmen, welche die Daten der Menschen nutzen und analysieren, können tiefe Einblicke über die Gewohnheiten und charakterlichen Züge des Menschen gewinnen. Darüber hinaus stellt der Datenschutz und die Datensicherheit jener vertraulichen Daten ein großes Risiko dar (vgl. Gadatsch/Landrock 2017: 13). Sobald personenbezogene Daten Gegenstand von Analysen sind, gilt es, die landspezifischen umfangreichen gesetzlichen Bestimmungen und ggf. gesellschaftlichen Konventionen zu beachten (Gadatsch/Landrock 2017: 14).

---

[7]   ebd.

[8]   ebd.

Hiermit verbunden müssen auch die Länder ihre Datenschutzrichtlinien an die heutigen Verhältnisse anpassen. Um die Sicherheit und Anonymität der Bürger zu gewährleisten, müssen die Daten der Menschen unzugänglich aufbewahrt werden. Hierbei entsteht bereits das erste Problem bei der Erhebung von Daten. In der heutigen Zeit ist es normal geworden, dass die Nutzer keine Zustimmung mehr erteilen müssen, damit die Unternehmen ihre Daten nutzen können. Vielmehr müssen die Kunden nun Ablehnungen erteilen, falls sie einer solchen Datennutzung nicht zustimmen. Im Zweifelsfall werden aufgrund dieser Entscheidung sogar Funktionen verwehrt. Hierbei ist das Problem, dass die Unternehmen wissentlich die Trägheit und vermutlich auch Unwissenheit der Kunden über die Möglichkeit einer solchen Ablehnung ausnutzen. In einigen Fällen ist ein Verzicht auf die Datenerfassung so gut wie unmöglich. Als Folge dessen kommt es zu einer Normalisierung der Datenerfassung in der Gesellschaft. Dies führt zu einer Wahrnehmung der Unterdrückung und Überwachung sowie zu einer Einschränkung des Nutzerverhaltens der Menschen. Die Nutzer handeln nun nicht mehr nach ihrer Meinung, sondern nach der durch die Gesellschaft oder das Unternehmen festgelegten Meinung.[9]

Die Benachteiligung als Risiko von Big Data kann sich auf unterschiedliche Bereiche ausüben. Wettbewerbsnachteile, Nachteile in der Politik oder Diskriminierung sind einige Beispiele dafür. Ein großes Risiko spielt Big Data auch insbesondere in der Politik. Durch die Nutzung des Internets und Smartphones von „Privilegierten" kann es dazu führen, dass jene bei politischen Entscheidungen einen starken Einfluss auf das Endergebnis haben können. Dies führt zu Diskriminierung in jenen Ländern. Ein weiteres Beispiel von Diskriminierung ist die unbeabsichtigte Benachteiligung von unterschiedlichen Gruppen. Dies kann zum Beispiel durch falsche oder fehlerhafte Algorithmen zustande kommen. Möglich wäre dies beispielsweise bei der Vergabe von Krediten oder auch sonstigen Zahlen wie Bafög. Durch veraltete

---

[9] ebd.

Logarithmen kann es dazu kommen, dass eine Person kein Bafög erhält, obwohl es ihr sehr wahrscheinlich zustehen würde.[10]

Profilbildung und Erkenntnisse über sensible personenbezogene Informationen werden in Deutschland bisher vor allem unter der Thematik von Privatsphäre und Datenschutz oder Überwachung diskutiert. In den USA richtet sich die Debatte stärker auf die Frage, welche gesellschaftlichen Ein- und Ausschlusspotenziale mit Big Data Analytik verbunden sind (Ulbricht et al. 2018: 198). Diese Debatte fand Ausdruck in zwei Berichten des Weißen Hauses 2014 (White House 2014) und 2016 (White House 2016) und der Federal Trade Commission (FTC), die für Verbraucherschutz zuständig ist (ebd.). In diesen Berichten finden sich Hinweise darauf, dass bestimmte Gruppen durch Big Data bezogene Praktiken benachteiligt werden, wie etwa blacks, hispanics, Frauen, Personen, die mutmaßlich unter Alkoholproblemen leiden, Personen mit geringem Einkommen sowie Mac-Nutzerinnen und -Nutzer (ebd.: 199). Die hier untersuchten Studien erheben keinen Anspruch auf Vollständigkeit, bekräftigen aber, dass die Antwort auf die Frage, ob Big Data zu Diskriminierung führt, nicht leicht zu geben ist (ebd.: 200).

Big Data wird nicht zuletzt auch geprägt durch Erwartungen, die regulativ hergestellt werden. Die Anwendung und Ausbreitung von Big Data wird durch kodifizierte Regeln bestimmt, etwa in Gesetzen, Verordnungen und Standards. Zu den regulativ hergestellten Erwartungen an Big Data gehören darüber hinaus auch Instrumente, mittels derer die Einhaltung der Regeln überwacht und sichergestellt wird. Welche Regeln die Entwicklung von Big Data bestimmen sollten, wird in der Öffentlichkeit kontrovers diskutiert. Die Frage, welche Akteurinnen und Akteure sich regelkonform verhalten und welche nicht, wird öffentlich und vor Gerichten diskutiert, ob eine Datenweitergabe von Kommunikationsunternehmen an Nachrichtendienste legitim und rechtskonform ist. Dies gilt auch bei der Auseinandersetzung darüber, ob Unternehmen wie Google und Facebook (Cambridge Analytica) die persönlichen Daten ihrer Nutzerinnen und Nutzer rechtmäßig erheben und verwenden. Die Literatur über Regulierungsdefizite und neue Instrumente für die

---

[10] ebd.

Regulierung von Big Data wächst stetig. Eine politikwissenschaftliche Perspektive erweitert die Debatte, indem sie die besondere Bedeutung von Diskursen, Institutionen und Akteurinnen und Akteuren unterstreicht, wie dies im akteurszentrierten Institutionalismus, dem diskursiven Institutionalismus oder auch dem *advocacy coalition framework* und weiteren politikwissenschaftlichen Ansätzen praktiziert wird (Ulbricht et al. 2018: 207).

In der Folge werden systematische Defizite in der Durchsetzung datenschutzrechtlicher Regeln und zahlreiche Regulierungslücken diagnostiziert. Eine häufig formulierte Erklärung für die Regulierungsdefizite lautet, dass die politische Entwicklung nicht mit der technologischen Schritt halten könne (Ulbricht 2017: 19).

Sichtbar wird vor diesem Hintergrund: Der entscheidende Teil der Big Data Technologie spielt sich im Datenanalyse-Unternehmenssystem und durch die Hilfe der Datenanalysen-Unternehmen ab. Bei allen Eigenschaften der Big Data Technologie trägt das Datenanalyse-Unternehmen eine entscheidende Verantwortung bei dem Einsatz von Big Data, denn durch die Vergabe der persönlichen Daten von Menschen nach außen und die kontinuierliche Durchsicht von dessen persönlichen Informationen sowie die Verifizierung der Parteizugehörigkeit kann ein wesentlicher Beitrag zur Unterbindung der Big Data geleistet werden. Um dies möglichst deutlich aufzuzeigen, werden nachfolgend mittels spezifischer Abläufe seitens der politischen Akteure wie etwa der organisierten Wahlmanipulation anhand der theoretischen Grundkonzeption von Big Data-Analysen und Microtargeting durch Datenanalyse-Unternehmen hinaus zugrundeliegende Problematiken identifiziert und beleuchtet.

7 Analytischer Rahmen

In der Analyse wird der Einfluss von Big Data Technologie auf die Wahlentscheidung anhand des Einsatzes von Cambridge Analytica während des US-amerikanischen Wahlkampfs 2016 aufgezeigt. Dieses Fallbeispiel zeigt, dass Cambridge Analytica, das zu einem der größten Daten-skandale weltweit beigetragen hatte, über einen relativ großen Zeitraum hinweg wissentlich in die Bedrohung für Menschenrechte – und insbesondere in Verletzungen des Schutzes personenbezogener Daten mittels Big Data – verwickelt war. Es handelt sich um den Skandal, der für Facebook sowohl wirtschaftliche, mit einer Strafe in Höhe von 5 Milliarden US-Dollar, als auch imageschädigende Konsequenzen hat (Schughart 2019).

Cambridge Analytica wird zur Last gelegt, dass sich das Unternehmen vor allem geschickt selbst vermarktet, die eingesetzten Methoden aber fragwürdig und die versprochenen Effekte nicht nachgewiesen sind (Kind/Weide 2017: 5). Dabei stellt sich lediglich einen Ausschnitt der illegalen Praktiken des Datenanalyse-Unternehmens dar. Zwar hat diese öffentlich das Fehlverhalten eingeräumt, einer Strafverfolgung konnte sie jedoch durch den Abschluss eines Vergleichs entgehen. Aus diesem Grund müsste die Rolle des Unternehmens beim Wahlsieg von Trump deutlich relativiert werden (Kind/Weide 2017: 5). Da das von Cambridge Analytica genutzte Microtargeting als die grundlegende Methode von Big Data stets als Teil von größeren Kampagnen eingesetzt wird, kann diese Wirkung nur schwer isoliert werden (vgl. Kind/Weide 2017: 5).

7.1 Cambridge Analytica als zentraler Akteur im Wahlkampf von Donald Trump

Um Erklärungsansätze bzw. begünstigte Faktoren für den Einsatz von Big Data Technologie im politischen Wahlkampf durch Datenanalyse-Unternehmen in Bezug auf das Individuum aufzuzeigen, ist es wichtig, als erstes dessen Arbeitsumfeld auf einer übergeordneten Ebene genauer zu analysieren.

Politisches Microtargeting beinhaltet ein Netzwerk von interdependenten Akteuren. Politische Parteien und ihre Kampagnen sind natürlich wichtig, denn sie sind diejenigen, die sich für den Einsatz von politischem Microtargeting entscheiden. Politische Parteien verfügen jedoch in der Regel nicht über das interne Fachwissen, die Infrastruktur oder ausreichende Daten, um zu modellieren, wer mit welcher Art von Botschaft angesprochen werden soll und um anschließend ihre maßgeschneiderten Nachrichten zu versenden. Hier kommen Dritte ins Spiel: Kommunikations-/Werbeagenturen und Beratungsunternehmen verkaufen oder vermieten ihre Expertise und Infrastruktur an politische Parteien (Dubois et al. 2018).

Cambridge Analytica und deren Mutterkonzern Strategic Communication Laboratories (SCL)[11] werden als zentrale Akteure im öffentlichen Diskurs über Big-Data-Anwendungen in Wahlkämpfen verhandelt: 38 Prozent des diskursiven Materials referieren auf die Unternehmensgruppe oder Cambridge Analytica im Speziellen, keine andere Datenfirma wird derart häufig thematisiert (Pentzold/Fölsche 2018: 27). Die Fokussierung auf Cambridge Analytica und deren Mutterkonzern SCL spiegelt sich in der Konzentration des Diskurses auf die datenintensiven Praktiken derjenigen Kampagnen, die von dieser Firma unterstützt wurden: Trumps Wahlkampf und die Leave-Kampagnen im Zuge des Brexit-Votums 2016 (Pentzold/Fölsche 2018: 28).

Mit Blick auf die vorangegangene, deskriptive Beschreibung des Forschungsgegenstandes des Big Data wird dieser nachfolgend zunächst in einen theoretischen Bezug zu dem Einsatz des Microtargetings gesetzt.

Das Microtargeting stellte keine Neuheit des Wahlkampfes von Donald Trump dar, weil bereits die Wahlkampagnen von George W. Bush und Barack Obama in der Segmentierung der Wählerschaft in verschiedene Zielgruppen hervortaten.[12] Mit dem Ende der Vorwahlen stieß die Datenfirma Cambridge Analytica zur Trump-Kampagne hinzu. Damit erwarb das Team des republikanischen Kandidaten Informationen aus den Umfragen und Datenanalysen,

---

[11] Nachfolgend als SCL bezeichnet.

[12] Big Data, Trump und Cambridge Analytica. Online: https://www.mario-voigt.com/big-data-trump-und-cambridge-analytica/ (zuletzt geprüft am 18.10.2019).

die Cambridge Analytica für Ted Cruz und Ben Carson gemacht hatte (ebd.). Über den Sommer gab die Trump-Kampagne über 5 Millionen Dollar für die analytischen Dienste von Cambridge Analytica aus (ebd.). Bis zum Ende der Kampagne beliefen sich die Ausgaben auf etwa 15 Millionen Dollar (Voigt 2018: 154).

Die Datenanalyse-Firma betreibt Verbraucherforschung: Mithilfe von Datensätzen erstellt sie Persönlichkeitsprofile, die es möglich machen sollen, Werbung sehr genau auf die Menschen zuzuschneiden und eine personalisierte, passende Ansprache zu finden. Das Angebot richtet sich sowohl an Firmenkunden, als auch an Politiker im Wahlkampf. Es werden Datenanalyse mit Verhaltensforschung kombiniert, um jede Einzelperson in ihrer Zielgruppe zu verstehen und sie persönlich erreichen zu können (Beuth/Horchert 2018).

Um die Einsichten zu verdichten, kombinierte die Trump-Kampagne drei existierende Datenbanken (Voigt 2018: 154). In ihrer neuen Datenbasis „Project Alamo" konsolidierten sie die ursprünglichen Informationen der Trump-Kampagne seit den Vorwahlen, die Informationen des Republican National Committee[13], welches ihnen jetzt nach dem Ende der Vorwahlen vollständig zur Verfügung stand, und die Datenbasis von Cambridge Analytica, die sich aus Informationen über Demografie, Konsum- und Lebensgewohnheiten und politische Zugehörigkeit speiste (Voigt 2018: 154). Zudem kauften sie noch Informationen von den Facebook-Marketing-Partnern Experian, Datalogix, Epsilon und Acxiom zu (Voigt 2018: 154). Das Unternehmen warb damit, über 5.000 Datenpunkte von über 230 Millionen US-Bürgerinnen und Bürgern zu verfügen. Vielfach wird darin ein kostengünstiges und effektives Vorgehen im Rahmen politischer Kommunikation gesehen – insbesondere im Wahlkampf.[14]

---

[13] Nachfolgend als RNC bezeichnet.

[14] Microtargeting in Deutschland und Europa. Online: https://www.medienanstalt-nrw.de/foerderung/forschung/aktuelle-forschungsprojekte/microtargeting-in-deutschland-und-europa.html (zuletzt geprüft am 11.10.2019).

Die Targeting-Anstrengungen der Trump-Kampagne bestanden ab dem Sommer 2016 aus vier Schritten: 1) Umfragen und Analysen, 2) Modellierung und Extrapolation, 3) Audience Segmentation und 4) Ansprache. Die Audience Segmentation und Ansprache über die Kommunikationskanäle (Engagement) fußten auf einer sehr genauen Einschätzung der Wählerschaft durch Umfragen und Modellierung (Voigt 2018: 154).

Während die nationalen Wählerbefragungen in den Hintergrund traten, konzentrierte sich die Kampagne auf die hart umkämpften Battleground-Staaten[15]. Beständig erhob die Kampagne Daten und 12 Analytiker modellierten jeden Wähler in seiner Neigung zu Trump oder Clinton, seiner Wahlbeteiligungswahrscheinlichkeit und den Top-Themen, die ihn interessierten (Voigt 2018: 155). Sie befragten jede Woche rund 1500 Wähler in den Battleground-Staaten und rollierten die Ergebnisse (ebd.). Im gesamten Verlauf der Kampagnen griff sie auf 180.000 Personenbefragungen in 16 Battleground-Staaten online, per Interactive Voice Response (IVR) oder direkte Telefonbefragung zurück (ebd.).

Gerade die einzelnen Umfragen in den Battleground-Staaten ermöglichte es der Trump-Kampagne, nuancierte oder lokalisierte Probleme zu filtern und in die Modellierung mit einfließen zu lassen. Die prädiktiven Modellierungen verliefen in zwei Phasen. In der ersten Phase widmeten sich die Republikaner besonders dem Fundraising. Zahlreiche Spendermodelle entstanden und wurden von der Kampagne getestet. Diese Phase reichte von Juni bis Ende Juli 2016. Mit dem offiziellen Abschluss der Vorwahlen durch den Nominierungsparteitag gingen die Fundraisinganstrengungen weitgehend an das RNC über und man teilte sich die Erträge durch ein „joint committee". Damit begann auch die zweite Phase, wo sich die Trump-Kampagne auf die Modellierung von Wahlwahrscheinlichkeiten und Kandidatenpräferenzen konzentrierte. Zudem errechneten sie in themenbezogenen Modellen die Überzeugungskraft durch politische Inhalte. Diese Phase reichte von August bis

---

[15] Werden auch als Swing State genannt, Staat, in dem beide große Parteien (Demokraten oder Republikaner) eine gute Chance auf den Wahlsieg haben.

zum Wahltag.[16] Auf diesem Weg können Parteien – so wie bei Donald Trump geschehen – Gruppen immer genau das versprechen, wofür sie vermeintlich empfänglich sind.

Die grundsätzlichen Informationen setzten sich aus drei wesentlichen Bereichen zusammen: wahlspezifische Daten, demographische Angaben und themenspezifische Typologien (Voigt 2018: 157). Cambridge Analytica wies jeden Wähler mit einem Scoring-System zu, dass ihn in 32 abgrenzbare Persönlichkeitstypen einordnete (Voigt 2018: 157). Als Grundlage diente das sogenannte OCEAN-Modell (Openness to experience, Conscientiousness, Extraversion, Agreeableness, Neurotizismus) (Voigt 2018: 157). Aus ihren psychografischen Modellen ergaben sich Informationen, welche Art von Person angesprochen wird und wie zu kommunizieren ist. (Voigt 2018: 157). Alexander Nix[17] beschrieb die Logik auf die folgende Art und Weise:

> „Psychographic data are just one ingredient which is backed into the cake. It allows us to look at people and understand them in terms of how they view the world. [....] The more you know about someone, the better you can engage with them and the more relevant you can make the communications that you send to them, so our job is to use data to understand audiences" (Nunns 2016).

Die Trump-Kampagne entwickelte ein Tool, welches tagesaktuell mögliche Gewinnchancen in einer erweiterten Anzahl von Bundesstaaten kalkulierte. Der „Battleground Optimizer Path to Victory" simulierte basierend auf Umfragen, Wähler- und Mediendaten wahrscheinliche Wege zu einer Mehrheit im Wahlmännerausschuss und kalkulierte die Gewinnkombinationen der Bundesstaaten. Dadurch entstand ein „Priority Score" von Bundesstaaten, welche die Trump-Kampagne benötigte, um zu gewinnen. Sie richtete ihre Strategie komplett nach dem Battleground Optimizer aus und bestimmte die Kandidatenbesuche, die Allokation der Medienkäufe und die Botschaftsanpassung danach. Das System wurde mit ständig neuen Informationen

---

16 Big Data, Trump und Cambridge Analytica. Online: https://www.mario-voigt.com/big-data-trump-und-cambridge-analytica/ (zuletzt geprüft am 18.10.2019).

17 Der ehemalige CEO der Datenanalyse-Firma Cambridge Analytica.

gespeist. Die Trump-Kampagne fand 13,5 Millionen Wähler in 16 Battleground-Staaten, die sie für potentiell überzeugbare Wechselwähler hielten. Was Trump von seiner Konkurrentin Hillary Clinton unterschied: Er glaubte daran, mit genauer Datenanalytik und digitaler Ansprache die Wählerschaft neu formieren zu können, und setzte nicht auf vordefinierte Wählerkoalitionen vergangener Jahre (Voigt 2018: 159).

Der Priority Score floss in ein Kampagnen-Dashboard ein, das alle wesentlichen Informationen über die Battleground-Staaten, einzelne Wählergruppen und deren thematische Ansprache-optionen zusammenfasste. Es verband durchsuchbar die ineinandergreifenden Datenpunkte und visualisierte auf benutzerfreundliche Art die Wählergruppen in den Bundesstaaten. Dazu zählten real-time-poll-tracking und Heatmaps von überzeugbaren Wählern (Voigt 2018: 159).

Die Dashboards gaben der Trump-Kampagne einen Überblick über ihre anzusprechenden Zielgruppen. Um die nächsten strategischen Entscheidungen treffen zu können, brach das Daten-Team die Wähler in eine simple Darstellung herunter, indem es die Kandidatenpräferenz und die Wahlbeteiligungswahrscheinlichkeit für den jeweiligen Bundesstaat analysierte. Während ein Teil der Wähler als sicher für Trump oder für Clinton eingestuft wurden, gab es eine übergroße Anzahl von überzeugbaren Wechselwählern oder noch zu mobilisierenden potentiellen Unterstützern. Nachdem die ersten Briefwahldaten im Herbst 2016 eingingen, fielen der Kampagne drei Trends auf: Erstens, die Anzahl von afroamerikanischen Wählern war vergleichsweise niedrig, zweitens, die Anzahl der Wähler hispanischer Herkunft nahm nur moderat zu, und drittens, beteiligten sich ältere Wähler aus ländlichen Countries deutlich über dem kampagneninternen Erwartungswert. Dies hatte Auswirkungen in den einzelnen Bundesstaaten. Gerade in Florida oder North Carolina bildeten Wähler afroamerikanischer oder hispanischer Herkunft einen wesentlichen Wählerblock für Hillary Clinton. Hingegen wirkte die stärkere Wahlbeteiligung älterer, weißer Wähler positiv für Trump in den Rust-Belt-Bundesstaaten Michigan, Pennsylvania oder Ohio. Entsprechend passte die Trump-Kampagne ihre Datenmodelle und den Battleground Optimizer an (Voigt 2018: 159).

7.2 Analyse der gängigen Big Data Microtargeting-Strategie im Wahlkampf

Das Microtargeting von Individuen steht im Fokus mit Big-Data gestützte Verfahren in den US-Präsidentschaftswahlkämpfen 2008 und 2016 (Hofmann 2018: 165). Im Nachfolgenden sollen genauer strukturelle Faktoren, die begünstigend dazu beitragen, dass weiterhin der Schutz personenbezogener Daten durch die Datenanalyse-Unternehmen verletzt werden, mittels der theoretischen Überlegungen instrumentaler und struktureller Big Data-bezogenen Methode untersucht werden. Dafür wird zunächst ein Aspekt des vorangegangenen Kapitels aufgegriffen und vor diesem Hintergrund weitergehend analysiert.

Die gegenwärtige Debatte über Big Data im Wahlkampf befasst sich damit, ob neuartige Daten und Auswertungsverfahren effektiver darin sind, Wählerinnen und Wähler zu überzeugen, und welche Kosten und Risiken damit verbunden sind. Big Data beeinflusst vielmehr das Bild, das Parteien sich von Wählerinnen und Wählern und Bürgerinnen und Bürger sich selbst im politischen Prozess verstehen (Ulbricht et. al. 2018: 163).

Die Berechnung von Verhaltenswahrscheinlichkeiten der Wählerinnen und Wähler wird als Modeling bezeichnet. Das Modellieren der Wählerinnen und Wähler erzeugt einen objektivierten Zusammenhang zwischen den verfügbaren Datenpunkten und dem vermuteten künftigen Wahlverhalten. In der Praxis handelt es sich um eine Objektivierung auf Widerruf, da die teils impliziten, teils expliziten Annahmen, auf denen die Modellierung des Wahlverhaltens beruht, beständigen Prüfungen ausgesetzt sind. Die Modelle unterliegen einem kontinuierlichen Prozess der Neuberechnung von Verhaltensvorhersagen; sie können korrigiert und widerlegt werden. Die Big Data gestützte Analyse der Wählerinnen und Wähler zeigt, dass der Zweck des Modellierens unmittelbar Einfluss auf das Modellierte nimmt. Die Modelle der US-amerikanischen Wählerinnen und Wähler orientieren sich an der Wettbewerbslogik des Wahlkampfes, die wiederum durch das US-Wahlsystem geprägt ist (Ulbricht et al. 2018: 166).

Im US-Wahlkampf von 2016 haben sich jedoch die Grenzen der Big Data basierten Vorhersage gezeigt: Der Wahlsieg Donald Trumps war für viele Analystinnen und Analysten überraschend. Tausende von Datenpunkten pro Person ermöglichen keine umfassende Kontrolle über das Verhalten der Wählerinnen und Wähler. Das „Modellieren von" Wählerinnen und Wählern verknüpft die Verhaltensanalyse zudem mit politischen Themen und Positionen. Darauf aufbauend haben sich die Wahlkampftechniken, vor allem die gezielte Kommunikation mit den Wählerinnen und Wählern, grundlegend geändert. Das sogenannte Microtargeting tritt an die Stelle von zielgruppenorientierten Wahlkampfstrategien und strebt danach, die Wählerinnen und Wähler als „normale Leute" zu erfassen, „die auf jeweils unterschiedliche Weise mit dem politischen Prozess interagieren". Auf der vorliegenden Datenbasis werden politische Themen und Argumente arrangiert, die Individuen persönlich adressieren, ihren Sinn fürs Politische mobilisieren, ihnen helfen, sich im politischen Raum zu verorten und sich mit einem der Kandidatinnen und Kandidaten zu identifizieren (Ulbricht et al. 2018: 167).

Microtargeting lässt Repräsentierte und Repräsentierende näher zusammenrücken und die Kommunikation zwischen ihnen dichter werden. Ohne dass die Akteurinnen und Akteure jemals ein Wort miteinander gesprochen haben müssen, entwickelt sich doch ein nahezu intimes Verhältnis zwischen ihnen: Die politischen Parteien folgen ihren potenziellen Wählerinnen und Wählern auf Schritt und Tritt, sie reagieren auf Anzeichen des Missfallens oder der drohenden Distanzierung mit einer Modifikation ihrer Botschaften (Ulbricht et al. 2018: 167).

Das Verhältnis zwischen Repräsentierten und Repräsentanten ist hochgradig asymmetrisch: Die Wählerinnen und Wähler kontrollieren weder, welche Informationen die Wahlkampfapparate über sie sammeln, noch verfügen sie über vergleichbare Informationen bezüglich ihrer Kandidatinnen und Kandidaten. Diese Asymmetrie wird sukzessiv institutionalisiert durch die Errichtung einer neuen technischen Infrastruktur: Während Wahlkampfressourcen früher nach einer Wahl aufgelöst wurden, sind nun Datenzentren entstanden, die dauerhaft Informationen über alle US-Wählerinnen und Wähler sammeln und unter einer persönlichen Kennung archivieren. Kandidatinnen und

Kandidaten zahlen mutmaßlich hohe Beträge für den Zugriff auf die Datenbanken ihrer Parteien. Big Data dient im Wahlkampf nicht allein der Analyse und Steuerung von individuellen Wählerinnen und Wählern, sondern hat auch die Funktion, Repräsentationsansprüche zu formulieren und politische Identitäten und Kollektive zu schaffen (Ulbricht et al. 2018: 168).

Für Big Data in der internationalen Dimension sind einheitliche, international geltende Regeln erforderlich. Diese müssen für die an der Datenverarbeitung Beteiligten wie auch für die Betroffenen ein hohes Maß an Rechtssicherheit, Transparenz und Vertrauen schaffen. Dies sollte soweit wie möglich mit der Datenschutzgrundverordnung erreicht werden (Bitkom 2012: 65).

Big Data stellt in dieser Lesart ein wirkungsvolles Instrument dar, Wahlkämpfe als kampagnenförmige politische Prozesse effizienter, berechenbarer und rationaler zu führen. Durch Daten würden Wahlkämpfe planbarer und kontrollierbarer. In diesem Zusammenhang wird auch ersichtlich, dass im Bereich der Politikgestaltung, des *policy making*, mit Big Data sowohl positive als auch negative Erwartungen verbunden sind. Schon immer verfügten Regierungen über große Datensätze, die aber weder in Echtzeit erhoben und ausgewertet wurden. Dies ist gerade das Novum der mit Big Data einhergehenden analytischen Ambitionen: über die algorithmische Auswertung von Datenmengen lassen sich Muster identifizieren, nach denen man zunächst nicht explizit gesucht hatte. Daraus ergeben sich Konsequenzen für die Erwartungen an Big Data. Bei der Bekämpfung von Kriminalität, die Fahndung nach Terroristinnen und Terroristen oder auch Klimapolitik, zeigt sich das Potenzial datengestützter Problemdefinition und Problemlösung (Klinger/Pentzold 2014: 195).

Big Data legt zudem nicht nur bislang versteckte Muster im Handeln von Individuen offen, sondern ermöglicht auch Voraussagen auf zukünftiges Verhalten. Während Unternehmen darin große Potenziale für fokussierte Werbung sehen (wenn z.B. Wahlentscheidung beeinflusst werden kann und frühzeitig erkannt werden), ist für staatliche Akteurinnen und Akteure die Vorhersagbarkeit von Rechtsverletzungen interessant, z.B. in Fragen der Sicherheit (vgl. Klinger/Pentzold 2014: 195). Dadurch verschiebt sich möglicherweise der Gestaltungsbereich politischer Prozesse, indem nicht nur individuelles und kollektives Handeln reguliert, sondern auch zukünftige, noch ungeschehene Entscheidungen sanktionierbar werden (Klinger/Pentzold 2014: 196). Besorgniserregend scheinen diese Entwicklungen nicht zuletzt aus den Perspektiven von staatlicher Überwachung, Datenschutz und damit verbundenen rechtsstaatlichen Aspekten (Klinger/Pentzold 2014: 196).

In den USA dürfen Daten ohne Zustimmung weitergegeben werden und Parteien können über viele behördliche und private Daten zugreifen (Gröschel 2017). In Deutschland ist dies in dieser Form nicht möglich und wird über das Bundesdatenschutzgesetz[18] sowie ab 2018 durch die EU-Datenschutzgrundverordnung[19] geregelt (Kind/Weide 2017: 5). Kritiker sehen jedoch, dass diese gesetzlichen Rahmen noch keine Antwort auf die Anwendung von Big-Data-Analysen liefern (ebd.).

Es wird ersichtlich, dass sich in Bezug auf den zentralen Forschungsgegenstand der Big Data Technologie fehlende rechtlich-effektive Konzepte feststellen lassen. Jedoch weist das Konzept der Microtargeting-Strategie pluralistische Ansatzpunkte für die Untersuchung des Forschungsgegenstandes auf, für die auch empirische Belege gefunden werden konnten. Vor diesem Hintergrund wird nachfolgend die vorliegende Arbeit mit einem Fazit und einem Ausblick für die weitere Forschung abschließen.

---

[18] Kurz: BDSG.
[19] Kurz: DSGVO.

8 Fazit

8.1 Beantwortung und Weiterführung der Fragestellung

Obwohl die in dieser Arbeit verwendete theoretische Grundlage initial aufgestellt wurde, bevor Big Data international als ungehobene Schätze oder digitaler Albtraum definiert wurde, kann sie bemerkenswert akkurat dieses Phänomen erklären. In der vorliegenden Arbeit wurden dabei unterschiedliche rechtliche Aspekte aufgezeigt, die den Forschungsgegenstand aus grundlegend unterschiedlichen Perspektiven ergründen. Anhand der Analyse mittels personalisierter Wahlwerbung – dem Microtargeting – wurde ersichtlich, dass sich auf einer akteursbezogenen Ebene Erklärungsansätze feststellen lassen, die von Indizien des Fallbeispiels gestützt werden. Deutlich wurde dabei, dass die Antwort auf die Forschungsfrage mehrere Dimensionen umfasst, die sowohl gesellschaftlicher, politischer als auch ökonomischer Natur sind.

Es ist festzuhalten, dass der Big Data Einsatz nicht die Chancengleichheit von Menschen beschneiden darf und die Datenanalyse-Unternehmen neue Datenschutzvorgaben akzeptieren müssen. Die Frage nach dem Einsatz der Big Data Technologie für die Beteiligung der Datenanalyse-Unternehmen an Wahlkampfaktivitäten geht dabei über die Aufsichtsbehörden hinaus. Nicht nur der Datenmissbrauch der Cambridge Analytica veranschaulichen, dass sich diesbezüglich ein Versagen sowohl von staatlicher Seite als auch seitens der Gesetzgeber bzw. der Aufsichtsbehörden abzeichnet. Denn die fortlaufende aktive und wissentliche Hilfe der Datenanalyse-Unternehmen bei der Manipulation der politischen Wahlentscheidung ist nicht nur ein regulatorisches Problem, sondern auch eine Frage der Unternehmenskultur und der darin vorherrschenden Einstellungen und Normen, die gesetzeswidriges Verhalten begünstigen. Eine effektive Maßnahme gegen Manipulation der politischen Wahlentscheidung darf sich aus diesem Grund nicht auf eine Seite beschränken, sondern muss an beiden Enden anknüpfen.

Wie anhand der Ergebnisse der Analyse ersichtlich wurde, sollte für eine effektive und nachhaltige Bekämpfung von Manipulation im Wahlkampf von Seiten der Regierung und Aufsichtsbehörden auf die in dieser Arbeit dargestellten Faktoren reagiert werden. Zunächst sollte innerhalb der Datenanalyse-Unternehmen auf die Faktoren eingegangen werden, die aus der Regulierungs- und Ordnungsformen resultieren. Primär sollte der Aufsichtsbereich und dessen Befugnisse erheblich ausgebaut und gestärkt werden, um dem Profitstreben der Datenanalyse-Unternehmen rechtliche Grenzen aufzeigen zu können. Darüber hinaus sollte ein enger Rahmen für den Einsatz von Big Data im öffentlichen Sektor definiert werden. Jeder Bürger muss als Individuum durch Anonymisierung und Pseudonymisierung seiner Daten davor geschützt werden, zum gläsernen Menschen zu werden (Eckert et al. 2014: 13). Auch seine Identität, Privatsphäre und Reputation müssen gegen Manipulation durch Dritte geschützt werden (ebd.). Rechtliche und ethische Regeln müssen bereits vor der Einführung von Big Data etabliert werden (ebd.). Datenmissbrauch befürwortende Aktionen innerhalb der Unternehmen sollten stark sanktioniert werden, damit unethische und illegale Handlungen wie Wahlbeeinflussung zur Erreichung bestimmter Ziele gar nicht erst in Betracht gezogen werden. Des Weiteren sollten die Auswirkungen dieser anonymen Handlung wesentlich stärker und häufiger aufgezeigt werden, um möglichen Neutralisationstechniken die Argumentationsgrundlage nehmen zu können. In diesem Zusammenhang ist insbesondere die theoretische Annahme der Big Data Technologie und die hieraus abgeleiteten Präventionsmaßnahmen besonders vielversprechend, da sie vor allem auf die hier zugrundeliegenden soziologischen Prozesse eingehen. Neben Präventionsmaßnahmen sind allerdings auch eine wirkungsvolle Regulierung und Abschreckung im Kampf gegen die Wahlmanipulation zentral.

Neben den Faktoren, die innerhalb der Unternehmen eine wichtige Rolle spielen, sind primär die externen Faktoren von Seiten des Staates zentral. Wenn das Risiko für den Einzelnen unverhältnismäßig ansteigt, aus einem anonymen Datenbestand re-identifiziert zu werden, sollte es den Datenschutzaufsichtsbehörden möglich sein, diese Datenbestände zu prüfen, um eventuelle Schranken für eine weitere Datenverarbeitung zu setzen.

Vor diesem Hintergrund wird schließlich deutlich, dass für die Problematik der Big Data Technologie ein weitergehendes Verständnis geschaffen werden muss, sowohl in den Medien, den Sozialwissenschaften als auch der Politik.

Der durch die Cambridge Analytica auf die von Big Data Manipulation der Wahlentscheidung der amerikanischen Bürger gelenkte Fokus der Öffentlichkeit leistet hierzu einen initialen und entscheidenden Beitrag. Es bleibt jedoch abzuwarten, ob es sich hierbei lediglich um exemplarische Anwendung der staatlichen Legislative handelt, oder ob die Datenanalyse-Unternehmen wie auch nach Big Data Verständnis „more of the same, only faster and better" (Callsen 2019) sind.

Zusammenfassend lässt sich sagen, dass mit der Einführung von Big Data neue Risiken einhergehen und entsprechend neue Regelungskomplexe erarbeitet werden müssen, für die ein entsprechender Rechtsrahmen ausgearbeitet werden oder bestehendes Recht angepasst werden muss. Aufsichtsrechtlich und regulatorisch gilt daher, die Struktur dieser dynamischen Technologie und die daraus resultierenden Risiken zu bewerten und wenn nötig, aufsichtsrechtlich zu mitigieren. Letztendlich geht es um ein Phänomen, welches durch moderne Gesellschaft bewertet und reguliert werden muss.

8.2 Kritische Reflexion und Ausblick

In der vorliegenden Arbeit wurden insbesondere die Datenanalyse-Unternehmen als zentrale Akteure in den Fokus der Untersuchungen genommen. Allerdings stellt sich mit der Globalisierung der Big Data Technologie auch die Frage nach der Notwendigkeit, die Bemühungen verschiedener Staaten in Bezug auf eine einheitliche und konsequentere Durchsetzung der Big Data-Regularien auf internationaler Ebene zu koordinieren. Diese politische Ebene der Big Data Technologie konnte jedoch aufgrund des beschränkten Umfangs dieser Arbeit nur am Rande behandelt werden. An dieser Stelle wären weitere Forschungen zu den spezifischen Gründen der Abweichungen in den internationalen und nationalen Legislativen der Technologie unter Berücksichtigung von politischen sowie gesellschaftlichen Faktoren für ein grundlegendes Verständnis der Big Data Technologie von großem Nutzen. Darüber hinaus wurden die Rolle und Aufgaben der Aufsichtsbehörden in diesem Zusammenhang vernachlässigt sowie die Frage, warum es auch an dieser Stelle zu zahlreichen Problemen kommt.

Die theoretische Untersuchung des Forschungsgegenstandes wurde auf einige wesentliche Aspekte beschränkt, welche eine fundierte wissenschaftliche Grundlage für die Analyse ermöglicht haben. Allerdings handelt es sich hierbei um einen initialen Beitrag, der insbesondere in der politikwissenschaftlichen Disziplin noch weiterer Forschung bedarf. Gerade im Hinblick auf den Aspekt, dass sich Big Data als Forschungsgegenstand nicht auf die Wirtschaftswissenschaften beschränkt. Vielmehr spielen hier politische und soziale Prozesse eine entscheidende Rolle, die dazu führen, dass Big Data immer noch von den Datenanalyse-Unternehmen durchgeführt wird. Daher erfordert schließlich die Bekämpfung der Manipulation der Meinungsbildung oder hierbei auch der Menschenrechtsverletzung mittels Big Data Technologie durch die Datenanalyse-Unternehmen auch insbesondere eine politisch-soziologische Perspektive.

Wissenschaftliches Literaturverzeichnis

Avanade (2012): *Global Survey: Is Big Data Producing Big Returns?* Online: https://www.enterrasolutions.com/media/docs/2012/10/avanade-big-data-executive-summary-2012.pdf (zuletzt geprüft am 25.10.2019).

Barocas, S., & Selbst, A. D. (2016): Big Data's Disparate Impact. In: *California Law Review* 104(3), 671-732.

Beuth, Patrick/Horchert, Judith (2018): *Was treibt eigentlich Cambridge Analytica?* Online: https://www.spiegel.de/netzwelt/netzpolitik/cambridge-analytica-das-steckt-hinter-der-datenanalyse-firma-a-1198962.html (zuletzt geprüft am 16.10.2019).

Biem, A./Bouillet, E./Feng, H./Ranganathan, A./Riabov, A./Verscheure, O./Koutsopoulos,H./Moran, C. (2010): IBM infosphere streams for scalable, real-time, intelligent transportation services. In: *Proceedings of the 2010 ACM SIGMOD International Conference on Management of data.* S. 1093-1104.

Bitkom (2012*): Big Data im Praxiseinsatz – Szenarien, Beispiele, Effekte.* Berlin: Bundesverband Informationswirtschaft, Telekommunikation und neue Medien e.V.

Bloching, B./Luck, L./Ramge, T. (2012): *Data Unser – Wie Kundendaten die Wirtschaft revolutionieren.* München: Redline Verlag.

Callsen, Gabriel (2019): *Big data in securities markets.* Online: https://www.icmagroup.org/assets/documents/Regulatory/Quarterly_Reports/Articles/Big-Data-in-securities-markets-Q32019.pdf (zuletzt geprüft am 24.10.2019).

Cheney-Lippold, J. (2016): Jus Algoritmi: How the National Security Agency Remade Citizenship. In: *International Journal of Communication* 10 (22), 1721-1742.

Dachwitz, Ingo/Ruidl, Tomas/Rebiger, Simon (2018): *Was wir über den Skandal um Facebook und Cambridge Anayltica wissen.* Online: https://netzpolitik.org/2018/cambridge-analytica-was-wir-ueber-das-groesste-datenleck-in-der-geschichte-von-facebook-wissen/ (zuletzt geprüft am 30.10.2019).

Davenport, Thomas H. (2014): *Big Data work: Chancen erkennen, Risiken verstehen.* München: Vahlen.

Davenport, T.H./ New Vantage Partners (2013): *Big Data Executive Survey 2013.* Online: www.newvantage.com (zuletzt geprüft am 25.10.2019).

Dorschel, Joachim (2015): *Praxishandbuch Big Data. Wirtschaft – Recht – Technik.* Wiesbaden: Springer.

Dubois, Frédéric/Dobber, Tom/Helberger, Natali (2018): *Unterwandert politisches Microtargeting die europäische Demokratie*. Online: https://www.hiig.de/unterwandert-politisches-microtargeting-die-europaeische-demokratie/ (zuletzt geprüft am 23.10.2019).

Eckert, Klaus-Peter/Henckel, Lutz/Hoepner, Petra (2014): *Big Data – Ungehobene Schätze oder Digitaler Albtraum*. Berlin: Fraunhofer-Institut für Offene Kommunikationssysteme FOKUS.

Fihn, S. D./Francis, J./Clancy, C./Nielson, C./Nelson, K./Rumsfeld, J./Cullen, T./Bates, J./ Graham, G. L. (2014): Insights from advanced analytics at the Veterans Health Administration. In: *Health affairs (Project Hope)* 33(7), 1203-1211.

Gadatsch, Andreas/Augustin, Sankt (2012): Big Data. In: *Wisu, das Wirschaftsstudium. Zeitschrift für Ausbildung, Prüfung, Berufseinstieg und Fortbildung.* 41 (12), S.1615-1620.

Gadatsch, Andreas/Landrock, Holm (2017): *Big Data für Entscheider. Entwicklung und Umsetzung datengetriebener Geschäftsmodelle.* Wiesbaden: Springer.

Gröschel, Philippe (2016): *Maschinen machen Meinung – Wie man mit Big Data Politik macht.* Online:https://www.basecamp.digital/maschinen-machen-meinung-wie-big-data-die-politik-beeinflusst/ (zuletzt geprüft am 30.10.2019).

Gröschel, Philippe (2017): *Bundestagswahl 2017: Wie wichtig ist Big Data?* Online: https://www.basecamp.digital/bundestagswahl-2017-wie-wichtig-ist-big-data/ (zuletzt geprüft am 27.10.2019).

Hofmann, Jeanette (2018): Big Data im Wahlkampf: Wählerinnen- und Wählermodellierung, Microtargeting und Repräsentationsansprüche. In: Kolany-Raiser, Barbara/Heil, Reinhard/Orwat, Carsten/Hoeren, Thomas: *Big Data und Gesellschaft: Eine multidisziplinäre Annäherung.* Wiesbaden: Springer Fachmedien. S.: 163-167.

Hoyer, N./Schonwitz, D. (2015): In der Mitte des Rasters. Digitale Zasterfahndung. Ihr Finanzamt rüstet mit geheimer Technik auf. Wann die Systeme Alarm schlagen. In: *Wirtschaftswoche* 39, 16-22.

Kind, Sonja/Weide, Sebastian (2017): *Microtargeting: psychometrische Analyse mittels Big Data.* S.: 1-12. Online: https://www.tab-beim-bundestag.de/de/pdf/publikationen/themenprofile/Themenkurzprofil-018.pdf (zuletzt geprüft am 25.10.2019).

King, Stefanie (2014): *Big Data: Potential und Barrieren der Nutzung im Unternehmenskontext.* München: Springer VS.

Kolany-Raiser, Barbara/Radtke, Tristan (2018): *Microtargeting – Gezielte Wähleransprache im Wahlkampf.* Online: https://www.abida.de/de/blog-item/dossier-microtargeting-%E2%80%93-gezielte-w%C3%A4hleransprache-im-wahlkampf (zuletzt geprüft am 01.10.2019).

König, Christian/Schröder, Jette/Wiegand, Erich (2018): *Big Data: Chancen, Risiken, Entwicklungstendenzen.* Wiesbaden: Springer Fachmedien.

Körner, Kevin (2019): *Digitalpolitik. KI, Big Data und die Zukunft der Demokratie.* Online: https://www.dbresearch.de/PROD/RPS_DE-PROD/Digitalpolitik%3A_KI%2C_Big_Data_und_die_Zukunft_der_D/RPS_DE_DOC_VIEW.calias?rwnode=PROD0000000000435630&ProdCollection=PROD0000000000499444 (zuletzt geprüft am 25.10.2019).

Kraus, Hans (2013): *Big Data – Einsatzfelder und Herausforderungen.* Essen: FOM Hochschule für Ökonomie & Management gemeinnützige Gesellschaft GmbH.

Maki, K. (2011): Neoliberal deviants and surveillance: Welfare recipients under the watchful eye of Ontario Works. In: *Surveillance & Society* 9(1), 47-63.

McKenna, E./Richardson, I./Thomson, M. (2012): Smart meter data: Balancing consumer privacy concerns with legitimate applications. In: *Energy Policy* 41, 807-814.

Merz, Christina (2016): *Predictive Policing – Polizeiliche Strafverfolgung in Zeiten von Big Data.* Germany, Europe: KIT, Karlsruhe.

Mülling, Eric (2019): *Big Data und der digitale Ungehorsam.* Wiesbaden: VS Verlag für Sozialwissenschaften.

Mützel, Sophie (2015): Computational Social Science. In: R. Diaz-Bone & C. Weischer (Hrsg.): *Methoden-Lexikon für die Sozialwissenschaften.* Wiesbaden: Springer VS. S.: 67-68.

Nickerson, W. David/ Rogers, Todd (2013): Political Campaigns and Big Data. Harvard: Harvard University. In: *The Journal of Economic Perspectives* 28 (2), pp. 51-73.

Nunns, James (2016): *Will a British big data company with Trump the U.S. election?* Online: https://www.cbronline.com/big-data/analytics/british-big-data-win-trump-u-s-election/ (zuletzt geprüft am 25.10.2019).

Orwat, Carsten/Hei, Reinhard/Hügle, Anika/König, René/Merz, Christina (2015): Big Data und die gesellschaftlichen Folgen. In: *Technikfolgenabschätzung - Theorie und Praxis*, 24 (2), S. 83-87.

Pentzold, Christian/Fölsche, Lena (2018): *Die öffentliche Verhandlung von Big Data in politischen Kampagnen.* Online: http://www.abida.de/de/blog-item/gutachten-die-%C3%B6ffentliche-verhandlung-von-big-data-politischen-kampagnen. (zuletzt geprüft am 30.09.2019).

Pietsch, Wolfgang (2014): Die Datafizierung der Gesellschaft – zwischen Entscheidungsfreiheit und sozialem Engineering. In: Steger, Florian: *Bedroht Entscheidungsfreiheit Gesundheit und Nachhaltigkeit? Zwischen notwendigen Grenzen und Bevormundung.* Münster: Mentis, S.: 165-184.

Reichert, Ramón (2014): *Big Data. Analysen zum digitalen Wandel von Wissen, Macht und Ökonomie.* Bielefeld: transcript.

Sarunski, Maik (2016): Big Data – Ende der Anonymität? Fragen aus Sicht der Datenschutzaufsichtsbehörde Mecklenburg-Vorpommern. In: *Datenschutz und Datensicherheit* 40 (7), S.: 424-427.

Schughart, Anna (2019): *The Grat Hack: So will die Netflix-Doku den Cambridge-Analytica-Skandal aufarbeiten.* Online: https://www.maz-online.de/Nachrichten/Medien-TV/The-Great-Hack-So-will-die-Netflix-Doku-will-dem-Cambridge-Analytica-Skandal-aufarbeiten (zuletzt geprüft am 11.10.2019).

Thapa, E.P. Basanta/Parycek, Peter (2018): Data Analytics in Politik und Verwaltung. In: *(Un)berechenbar? Algorithmen und Automatisierung in Staat und Gesellschaft,* 40-75. DEU: Berlin.

Ulbricht, Lena (2017): Machtkämpfe um Big Data Bürger und Verbraucher müssen geschützt werden. In: *WZB Mitteilungen* 1 (155), S. 18-21.

Ulbricht, Lena/Haunss, Sebastian (2018): Wenn Big Data Regeln setzt. Regulativ hergestellte Erwartungen durch Big Data. In: Kolany-Raiser, Barbara/Heil, Reinhard/Orwat, Carsten/Hoeren, Thomas: *Big Data und Gesellschaft: Eine multidisziplinäre Annäherung.* Wiesbaden: Springer Fachmedien, S.: 178-189.

Ulbricht, Lena/Haunss, Sebastian/Hofmann, Jeanette/Klinger, Ulrike/Passoth, Jan-Hendrik/Pentzold, Christian/Schneider, Ingrid/Straßheim, Holger/Voß, Jan-Peter (2018): Dimensionen von Big Data: Eine politikwissenschaftliche Systematisierung. In: Kolany-Raiser, Barbara/Heil, Reinhard/Orwat, Carsten/Hoeren, Thomas: *Big Data und Gesellschaft: Eine multidisziplinäre Annäherung.* Wiesbaden: Springer Fachmedien, S.: 151-231.

Voigt, Mario (2018): Digital Trump-Card? Digitale Transformation in der Wähleransprache. In: Gärtner, Christian/Heinrich, Christian (2018): *Fallstudien zur Digitalen Transformation: Case Studies für die Lehre und praktische Anwendung.* Wiesbaden: Springer Fachmedien, S.: 149-172.

Weyer, Johannes/Delisle, Marc/Kappler, Karolin/Kiehl, Marcel/Merz, Christina/Schrape, Jan-Felix (2018): Big Data in soziologischer Perspektive. In: Kolany-Raiser, Barbara/Heil, Reinhard/Orwat, Carsten/Hoeren, Thomas: *Big Data und Gesellschaft: Eine multidisziplinäre Annäherung*. Wiesbaden: Springer Fachmedien, S.: 69-149.

Yeung, Karen (2016): 'Hypernudge': Big Data as a mode of regulation by design. In: *Information Communication & Society* 1 (20), 118-136.

Zuboff, S. (2015): Big other. Surveillance capitalism and the prospects of an information civilization. In: *Journal of Information Technology* 1 (30), 75-89.

Zuiderveen Borgesius, Frederik J./Möller, Judith/Kruikemeier, Sanne/Ó Fathaigh, Ronan/Irion, Kristina/Dobber, Tom/Bodo, Balazs/de Vreese, Claes (2018): Online Political Microtargeting: Promises and Threats for Democrac. In: *Utrecht Law Review*, 14 (1), pp.82–96. Online: https://www.utrechtlawreview.org/articles/abstract/10.18352/ulr.420/ (zuletzt geprüft am 10.10.2019).